U0909607

郑州市文物局郑州黄河文化遗产研究丛书

河流与文明

黄河与中原文明的历史足印

郑州市文物局　主　编

宋　黎　著

中国纺织出版社有限公司

图书在版编目（CIP）数据

河流与文明：黄河与中原文明的历史足印 / 郑州市文物局主编；宋黎著．-- 北京：中国纺织出版社有限公司，2023.11
（郑州市文物局郑州黄河文化遗产研究丛书）
ISBN 978-7-5229-1220-2

Ⅰ．①河… Ⅱ．①郑… ②宋… Ⅲ．①黄河－文化史－郑州 Ⅳ．① K296.11 ② K928.42

中国国家版本馆 CIP 数据核字（2023）第 213937 号

责任编辑：顾文卓　向连英　　特约编辑：武亭立
责任校对：王蕙莹　　　　　　责任印制：储志伟

中国纺织出版社有限公司出版发行
地址：北京市朝阳区百子湾东里 A407 号楼　邮政编码：100124
销售电话：010—67004422　传真：010—87155801
http://www.c-textilep.com
中国纺织出版社天猫旗舰店
官方微博 http://weibo.com/2119887771
北京华联印刷有限公司印刷　各地新华书店经销
2023 年 11 月第 1 版第 1 次印刷
开本：710 × 1000　1/16　印张：9.5
字数：210 千字　定价：88.00 元

凡购本书，如有缺页、倒页、脱页，由本社图书营销中心调换

编委会

主　　编　任　伟

副 主 编　郭　磊　王成福　胡　鹏　王金超　杨　洋

编　　委　张贺君　李生刚　张　翼　李艳萍　李喜明

尚红林　杨　凯　王景杰

编写人员　张贺君　杨锁印　世笑瑾　宋文佳　夏林阳　张甜甜

前 言

随着中华民族的和平发展和不断强大，世界各地华夏儿女的民族自豪感油然而生。而您可曾想过，中华文明是如何起源的？中华文明在数千年间又是如何发展的？

中国五千多年的文明没有中断过，这在人类历史上独一无二。然而，古代史学家们虽在竹简、纸张上记载了早期历史，但如何证明中华文明的起源却一直缺乏确切的考古资料的支撑。

习近平同志指出，“如果不从源远流长的历史连续性来认识中国，就不可能理解古代中国，也不可能理解现代中国，更不可能理解未来中国。”这给我们的文明探源工作，带来了很大启发，也为本书的创作，指明了方向。

2001 年提出的中华文明探源工程，是以考古调查发掘为获取相关资料的主要手段，以现代科学技术为支撑，采取多学科交叉研究的方式，揭示中华民族五千多年文明起源与早期发展的重大科研项目。

经过二十多年的考古研究，对与黄帝有关的河南灵宝西坡遗址、可能是夏启之居的河南新密新砦遗址、考古学界公认的夏代中晚期都城河南洛阳偃师二里头遗址、与传说中尧时代时空吻合的山西襄汾陶寺遗址以及浙江杭州良渚遗址、陕西神木石峁遗址等进行深入探索，证实了中华文明的起源和早期发展是一个多元一体的过程，在长期交流互动中相互促进、取长补短、兼收并蓄，共同形成了博大精深的中华文明。

人类逐水而居，文明伴水而生。在中华文明的起源与发展中，黄河扮演着重要角色。数百万年前，地球的板块运动造成青藏高原的抬升，在水流的奔涌交汇中，一条百川交集、万溪汇聚的河流逐渐形成，我们将其称为“古黄河”。一百八十万年前，黄河尚未完全形成。而在此时，河岸边就已经出现使用打制石器、懂得运用火的先民。如今，我们将这里称为“西侯度遗址”。

黄河滋养着中华大地的先民。在这里，“文化”逐步转变为“文明”。

黄河沿岸的上古传说跨越千年。女娲抟土造人、伏羲观象推演八卦、仓颉造字而天雨粟鬼夜哭、神农尝百草教民五谷……源于先民对自然与现实的幻化。当我们拨开神话的外衣，便会发现其中所记载的先民活动轨迹。

三千多年前，这片土地见证了夏商周三代的更替。从“公天下”到“家天下”，从原始到开化。这段时期，记载着中华之“孩童时代”对社会制度、人性演变的探索过程。

唐贞观年间，“初唐四杰”在诗歌的黑暗洞穴中点燃了一把复兴之火。随后，唐诗、宋词、元曲，熠熠生辉。在华夏大地上，先人吟咏的诗篇传唱千年。

本书沿着中华民族在黄河流域的发源、发展线索，以捕捉其中各时期重要节点为突破口，分析溯源先民创造历史文明的足迹与辉煌。中华文明绵延至今，以至于我们灵魂深处的血脉，无不在传承着文明的精神和脉络。

知所来，明所往。源头活水，润泽万代。中华文明的灿烂和辉煌激发我们不断叩问“从哪里来、到哪里去”的深刻命题，探寻“何以中国”的时代答案。黄河，以她那磅礴的胸怀和饱满的乳汁滋润着中华文明从蹒跚学步逐渐走向成熟。在新的历史起点上，我们要继续推动文化繁荣、建设文化强国、建设中华民族现代文明；要坚定文化自信，立足中华民族伟大历史实践和当代实践，不断培育和创造新时代中国特色社会主义文化，赓续历史文脉、谱写当代华章。

目 录

第一章 伴水而生的文明古国 / 001

第二章 灿若繁星的中华文明 / 009

第一节 “四渎之宗”古黄河 / 010

第二节 追溯上古 / 032

第三章 繁花灼灼的仰韶文化 / 051

第一节 绚丽的仰韶手工 / 057

第二节 聚落的形成 / 061

第三节 建屋以成家 / 070

第四节 双槐树遗址的文明星火 / 076

第四章 瑰丽缤纷的龙山文化 / 083

第一节 文明曙光的到来 / 085

第二节 埋藏地下的文明火种 / 095

第五章 风云变幻的早期王朝 / 097

第一节 夏王朝，国之伊始 / 098

第二节 商王朝，文明的曙光 / 115

第三节 周王朝，宅兹中国 / 122

第六章　古来万事东流水　/　125

参考文献　/　135

后　记　/　139

第一章　伴水而生的文明古国

神奇而宏大的自然界，让生命的孕育和延续成为可能。

河流，作为滋养生命的关键一环，塑造和培育了人类的古老文明。纵观人类历史，这些初始时期文明的诞生，无一不在大河两岸。正是这源源流淌生命之水的河流，使人类文明从无到有，不断进步。这一条条生命之河，也伴随和见证了人类文明的光辉历程。

在北非平原上，自南向北的尼罗河，缓缓流经埃及的中心地带。河水泛滥带来厚厚的淤泥，为河谷耕地提供了天然的肥料，以洪水测量系统为中心的农业规划，是古埃及文明得以延续几千年的原因之一。

大河文明展展厅一角，郑州博物馆（图片来源：作者拍摄）

鱼木乃伊棺材，古代埃及晚王国时期（图片来源：作者拍摄）

西亚境内，幼发拉底河和底格里斯河最终交汇注入波斯湾，把一片干枯的荒丘变成了肥田沃土。被希腊人称为米索不达米亚“两河之间”的土地，见证了古代人类又一个文明中心——巴比伦和亚述的崛起。

石灰岩雪花石膏卫队军官浮雕像（图片来源：作者拍摄）

（古代两河流域新亚述帝国时期底格里斯河流域杜尔·沙鲁金古城遗址出土）

楔形文字泥板，新巴比伦帝国尼布甲尼撒二世时期（图片来源：作者拍摄）

（幼发拉底河流域巴比伦遗址出土）

陶罐，古代两河流域（图片来源：作者拍摄）

建筑装饰用赤陶砖，古代两河流域（图片来源：作者拍摄）

印度平原，文明出现的时间，比两河流域最早的城邦还要早上近两千年。考古学家在对印度河、恒河两岸遗址的研究中，发现了建造考究的大型城墙，其鼎盛时期包容了至少 1500 多个定居点，至少 10 多万居民。

印章，前哈拉帕文化（图片来源：作者拍摄）

陶罐，前哈拉帕文化（图片来源：作者拍摄）

生育女神陶俑，前哈拉帕文化（图片来源：作者拍摄）

陶容器，前哈拉帕文化（图片来源：作者拍摄）

华夏大地，滚滚黄河由清至浊，冲破高山峡谷的束缚，将肥沃的黄土，铺撒向一望无际的平原。中华文明在此蓬勃生长，黄土之下是赓续的薪火与数千年的历史。

双槐树遗址，河南省郑州市巩义市

第二章　灿若繁星的中华文明

第一节 “四渎之宗”古黄河

黄河从青藏高原聚集水源，裹挟着黄土高原的大量泥沙，一路向东，穿越山岭、戈壁、峡谷、平原，最终奔流入海，行程5464千米。

在世界地图上，我们很难再找到一条如中国黄河一般，曲折蜿蜒、途经千难万险的大河。

黄河源，青海·玛多（图片来源：作者拍摄）

黄河清湿地公园，青海·贵德（图片来源：作者拍摄）

黄河九曲第一湾，四川 · 若尔盖

黄河石林，甘肃 · 景泰

黄河大峡谷，宁夏 · 青铜峡

乾坤湾，陕西 · 延川

禹门口，山西 · 河津

壶口瀑布（图片来源：作者拍摄）

三门峡大坝，河南 · 三门峡

小浪底库区，河南 · 洛阳

黄河入海口，山东 · 东营

“河”字，最初就是古人对黄河的特指。东汉时，史学家班固在《汉书》里写道：“中国川源以百数，莫著于四渎[①]，而河为宗”，证实了历史上黄河“四渎之宗”的地位。

济渎庙，河南 · 济源

① 四渎：《史记 · 殷本纪》记载：“东为江，北为济，西为河，南为淮，四渎已修，万民乃有居。”

山河之间，印刻着先祖的踪迹，也留下了文人墨客的诗情画意。

大漠孤烟直，长河落日圆。萧关逢候骑，都护在燕然。

——唐·王维《使至塞上》

黄河远上白云间，一片孤城万仞山。羌笛何须怨杨柳，春风不度玉门关。

——唐·王之涣《凉州词》

白日依山尽，黄河入海流。欲穷千里目，更上一层楼。

——唐·王之涣《登鹳雀楼》

君不见，黄河之水天上来，奔流到海不复回。

——唐·李白《将进酒》

九曲黄河万里沙，浪淘风簸自天涯。如今直上银河去，同到牵牛织女家。

——唐·刘禹锡《浪淘沙·其一》

黄河夕阳

黄河三峡景区，河南·济源（图片来源：作者拍摄）

中国的河流，河在中间，江在两边。南边以淮河为界，淮河以南为江，长江、赣江、珠江……都是江；北边以辽河为界，辽河以北为江，辽宁以北有牡丹江、嫩江、鸭绿江、黑龙江……江跟河是两个概念，在中国语言学里的“江”字就是“人工河”。河是什么？河就是黄河，被认为是最高贵的。河在中国的中间，就是在中原。

中国社会科学院学部委员
中国社会科学院考古研究所前所长
刘庆柱

中原实际上就是黄河中下游，在位置上是比较居中的，其形状和地理形态是一个平原。黄河流域，特别是黄河中下游区域，长期处于古代中国政治、经济、文化中心的地位。像河南话典型之一的“中”字，并不仅仅是一个简单的民俗、俗语，更说明了中原地区的人们对一个事情的赞同与肯定。简单的一个字就表达了对于一个事情的态度和取舍的方向。

黄河水利委员会办公室原副主任
黄河水利作家协会主席
侯全亮

一、携沙填海，水陆更替

最初的黄河，远没有今天这样的漫长。

距今 320 万到 300 万年前，在地球的造山运动中，大地被重新塑形。青藏高原的抬升，使得古黄河——这百川交集，万溪汇聚的水系，在无数水流的奔涌交汇中孕育而生。

黄河水系，青藏高原（图片来源：作者拍摄）

在河道初步贯通后的几十万年里，水系在不断纵向、横向发展。

黄河水系（图片来源：作者拍摄）

距今 15 万年左右，位于今天河南三门峡东边的崤山被完全切开，从那时起，黄河便开始了永无止息的填海造陆。

函谷古道（图片来源：作者拍摄）

三门峡黄河

每年，黄土高原上至少 16 亿吨泥沙被大河之水裹挟而下，这些泥沙量相当于将高、宽各 1 米的正方形土体环绕地球赤道 27 圈。随着黄河的流动，河岸边的冲淤[①] 规律性地为北方平原地区带来新鲜的泥土层。

① 冲淤：一般指河流拐弯处的冲刷和淤积作用。受地球向心力的作用，会有一侧岸边受冲刷，另一侧有泥沙淤积。

黄土高原

实际上，黄河携带的泥沙，比世界上任何一条河流都要多。泥沙沉积后形成的沙洲，使得流淌在平原上的水路不再通畅。

三门峡黄河

黄河泥沙沉积景观（二）

更加糟糕的是，黄河没有一个固定的注入大海的水道。自古以来，人们修筑堤坝，但淤泥的快速沉积却使得堤坝越筑越高，以至于在黄河下游的河南开封等地，河床甚至与人们的屋顶齐高。当大坝决堤，就会淹没上千平方千米的区域，洪水消退之后，黄河便有了新的入海河道。从此开始新一轮的泥沙淤积，周而复始。

黄河水系，河南·郑州市荥阳

黄河水系，河南 · 郑州

黄河水系，河南 · 开封

滑县黄河故道（图片来源：作者拍摄）

由于黄河洪水的水位比较高，所以当黄河决口时，较大的水量同时往低处流，高差十几米的河水，使得原来形成的旧河道被河水中厚厚的淤泥所覆盖，从而完成新旧河道的更迭。自历史记载以来，黄河一共决口1590次，其中较大的改道有26次，在黄河每次改道中也往往给沿岸的人们造成巨大的灾难。但黄河改道总的规律是：原来走禹河故道（现在的海河平原一带），后来逐渐往南走，明清故道的时候，黄河将淮河占据然后入黄海。正是由于黄河的改道，它淤积的面积、造陆的面积不断扩张，形成了一个广大的平原——黄淮海平原，为中华民族生生不息的发展提供了坚实、广阔的地理环境和条件。

黄河水利委员会办公室原副主任
黄河水利作家协会主席
侯全亮

尼罗河流域、两河流域、印度河流域的核心区域都大约是几十万平方公里，而黄河流域大概是在二三百万平方公里内展开的宏大进程。北边是戈壁荒漠，东边是大海，南面有一个热带的地区作为间隔，西面也有沙漠。综合来看，我们是处在一个相对封闭的地理空间，同时这个地理空间又是一个多元的环境。其实，在较为早期的时候，这个相对封闭的空间也有通道，自西从欧亚大陆草原一直延续到两河流域。这样相对独立又能够交流的地理空间，对于我们文明和特质的形成发挥了重大的作用。

中国社会科学院考古研究所研究员
李新伟

二、黄河岸边的远古先民

人生须臾，天地无穷。在很长一段时间里，我们都认为，与大河漫长的生命相比，人类的历史应如蜉蝣于天地。但是近些年的考古发现却表明，人类在黄河流域生活的时间，至少应该从180万年前的西侯度文化时期算起，并没有我们想象得那样短暂。

西侯度遗址，山西·运城（图片来源：作者拍摄）

（西侯度遗址位于黄河中游的黄土塬地貌上，天气晴朗时，可在此处看到作为“四渎”之一的黄河和对岸“五岳”之一的华山。这一同时出现的地理景观，称作“岳渎相望”。）

西侯度遗址航拍图（图片来源：作者拍摄）

西侯度遗址发掘现场复原图局部（图片来源：作者拍摄）

20 世纪 60 年代初，在这片土地上，正是由于西侯度遗址的发现，将人类在黄河沿岸留下的踪迹追溯到了 180 万年前。在这片高出黄河河面的古老阶地上，人们发现了几十件石核、石片和经过加工的粗糙石制品、带有人为切割或砍斫痕迹的鹿角，以及一些被火烧过的动物化石。

西侯度石器（图片来源：作者拍摄）

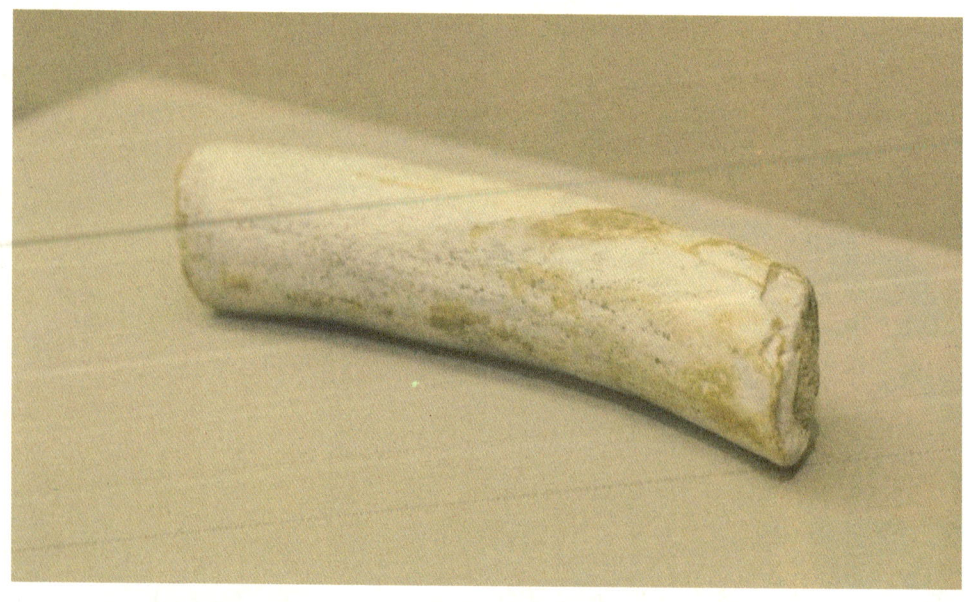

鹿角化石（图片来源：作者拍摄）

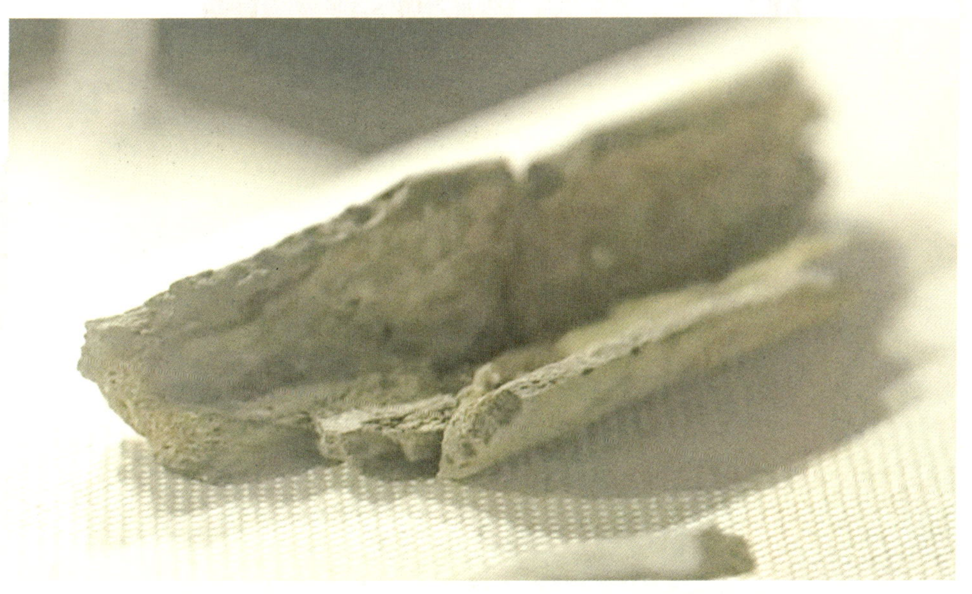

火烧过的动物化石（图片来源：作者拍摄）

在人类社会发展的初期，人们往往依赖河流而生。这些在黄河完全形成之前，就已经出现的、懂得使用火的先民，毫无疑问是黄河生成和演变的见证者。

距今100多万年以前，黄河中游出现了手执石器的蓝田人，他们在密林中追逐野兽，采摘野果。此后，大荔人、丁村人、许家窑人、河套人也相继生活在黄河及其支流的附近。

在黄河中下游的交界处，滚滚河水开始摆脱高山峡谷的束缚，冲向一望无际的平原。

河南郑州作为中国南北交汇的地带，也是文化交流的重要地区。考古学家们在这片环绕在嵩山、黄河的中原核心区里，已经陆续发现了400多处旧石器时代遗迹。让河南郑州，这座生长在黄河岸边，看似年轻的城市，成为实证东亚现代人独立起源的圣地。

织机洞遗址，河南 · 荥阳（图片来源：作者拍摄）

有一种学说叫夏娃理论，观点就是：现在世界上所有的现代人都是从大约 10 万年左右，从东非走出来的，取代了原来各地生存在那里的现代人。这个理论，是遗传学界提出来的一个假说。但从中国现发现的考古材料可以推断，从 200 万年、100 万年、几十万年，然后到后来的延续。我们看到石质的生产工艺技术等等，是一脉相承的，不存在中间传统的断裂和新的传统对旧的传统的取代。所以，我们对夏娃理论是持保留态度的。我们在进行讨论的时候，坚持夏娃理论的认为：你看，你们距今 6 万年到 3 万年，在这个期间，你们基本没有发现遗址，那你怎么知道它是延续的呢？那我们就一定要努力地寻找这所谓的空白期。以郑州老奶奶庙等一批遗址为参考，这个时期的遗址大概数以百计，都显示出它是延续了从百万年、几十万年到 10 万年左右的本土的传统，所以郑州这批材料，对研究东亚地区现代人的起源具有非常重要的意义。当然，不是没有外来的因素，比如西山遗址，它的制作技术就可以看到外来的影响，但是总体上还是我们固有的传统。同时，在体质方面，比如说东亚蒙古人种“铲形门齿”，就是门牙比较大，这是我们的特点。而有蒙古斑的小孩的比例，占 80% 多，但是非洲那边是个位数，占 10% 以内。体质人类学和考古学都证明东亚地区的现代人应该是连续进化，附带杂交。在这个证明过程中，郑州这批材料具有决定性的意义。

中国社会科学院学部委员、历史学部主任

“中华文明探源工程”项目首席专家

王巍

郑州织机洞遗址发现的石质器（图片来源：郑州市文物考古研究院）

郑州老奶奶庙遗址发现的石质器（图片来源：郑州市文物考古研究院）

郑州西施旧石器遗址发现的石质器（图片来源：郑州市文物考古研究院）

这些活跃在世界各地的山河之间、使用打制石器的旧石器时代人群，走过了人类历史 99% 的时间，从距今 200 万年左右开始，一直到距今 1 万年左右截止，其间的各种人群现象、物品和遗迹，都被称为“文化”。与之相比，一个社会想要迈入文明的门槛，要比形成文化困难得多。

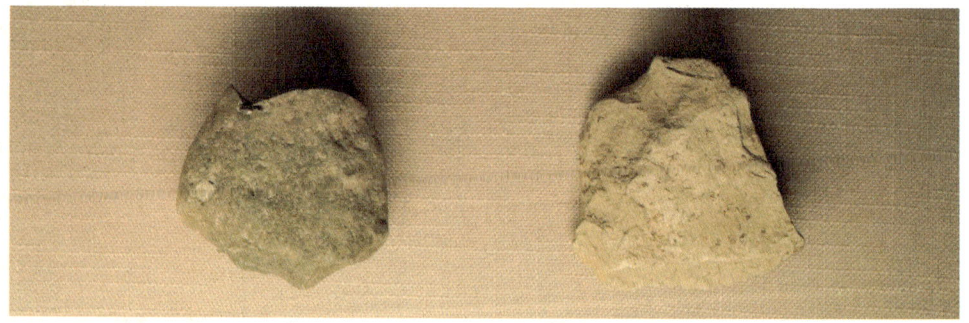

打制石器（砍砸器、刮削器）（图片来源：作者拍摄）

（北京周口店遗址第 1 地点出土）

小骨片，灵井“许昌人”遗址出土（图片来源：许昌博物馆）

按照学术界对社会形成的一般标准来说，人类文明形成的最早地区是在西亚两河流域之间的美索不达米亚平原。公元前3500年，苏美尔人就已经在那里建立起了大规模的水利和灌溉网络。这表明人们在水源上已经不再依赖大河的自然支流。公元前3000年，他们建立起最早的城镇与城市，修建起宏伟壮观的神庙，创立了成熟的立法体系。泥板上的楔形文字，记载了当时复杂的社会贸易与生活。

同时期的尼罗河流域，则处于法老的统治之下。“法老”的本意是“大宫殿”，他们并不是神的代表，而是伟大的太阳神荷鲁斯的化身。神与国王一体，使埃及人创造出举世瞩目的奇观——金字塔、庙宇和巨大的雕像。

石灰岩墓碑，古代埃及中王国时期（图片来源：作者拍摄）

第二节　追溯上古

中国最早的王朝形成于何时？在中国第一部纪传体通史《史记》中，记载有夏、商、周三个相继崛起的王朝。实际上，自公元前 841 年（西周共和元年[①]）起，中国有文字记载的编年史就没有中断过，这在人类历史上是独一无二的。但在这之前的历史，与神话传说相互混杂，难以区别。

司马迁雕像（图片来源：作者拍摄）

为了撰写《史记》，西汉太史公司马迁，不仅对传说和之前的文献资料进行了整理分析，还先后多次奔赴各地实地调查，他删减掉各种矛盾和离奇的故事，只保留下他认为最可信的内容，最终将中华文明的起源追溯到了古史传说的五帝时期。

这位两千多年前的史学家，求实客观的治学态度令人钦佩，然而从另一方面来看，早在那时，这些传说的记述已经存在着许多疑点，因为《殷本纪》

① 共和元年：公元前 841 年，西周进入短暂的共伯和执政时期。共是西周时期分封于河南辉县的一个诸侯国，国人暴动时，共国君主姬和暂代朝政，后又还政于周宣王。

所涉及的年代要比汉朝早一千年以上，《夏本纪》和《五帝本纪》的年代则更加久远。

但是，对于现代人来说，古代史学家们所记载的早期历史，与留下了丰富考古遗迹的苏美尔文明、古埃及文明相比，却一直缺乏确切的考古资料的支撑。

中国是否拥有独立的文明起源？学术界观点各异，多有争论。20世纪初，流行的文化传播论、文化圈理论盛极一时，许多来自西方的考古学家和人类学家，都主张在中国的考古发现中，寻找与欧亚大陆和其他文化相接近的内容。

中国古书中很早就有文明一词，这个文明是什么？恩格斯有本著名的书《家庭、私有制和国家起源》，专门探讨了文明问题，文明的标志是：有高大的城墙、城楼，有使用金属器。他写有硬指标。文明相对什么？相对野蛮而言。野蛮相对什么？相对蒙昧而言。什么叫蒙昧呢？是考古学的旧石器时代，就是只能用石头做工具的时代。其实在国外，现在文明的词义就是国家，英语city那个词就是城市，国家得有首都，首都不就是城市吗？因此我们得搞夏商周断代工程，搞文明探源工作，要找都城。司马迁写《史记》时为什么把《黄帝本纪》放在第一篇，就是因为中国开始有国家了。他们承认不承认是次要的，但是现在我们中国人认为和国际对话，需要找一些有科学性的学科，比如考古学，用实证性的东西来解决问题。

中国社会科学院学部委员
中国社会科学院考古研究所前所长
刘庆柱

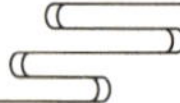

一、诸神时代

在古史传说中，黄河岸边的中原地区，被视为人类起源与人文肇始之地。

从观测天象、推演八卦的伏羲，到抟土造人、炼石补天的女娲；从构木为巢的有巢氏、钻木取火的燧人氏，到教民五谷的神农氏……黄河流域的远古神话记录了中华民族童年时期的瑰丽幻想，也记录了人们在走出洞穴、走向定居的时代里，创造出的辉煌业绩。

炎黄二帝巨型塑像，河南 · 郑州

公元前3000年左右，在黄河岸边，至今仍被全世界华人尊为人文始祖的黄帝，打败了炎帝和蚩尤，在部落联盟的推举下成为首领。在他之后，颛顼、帝喾、尧、舜，相继成为华夏传说中的王，他们以各自的雄才大略治理国家，活跃于黄河中游至渭河流域的中原地区。这是古史记载的，中华文明开始形成的时期。

二、农耕食谷

根据国外一些学者的观点，人类从狩猎向农耕的转型，开始于距今约一万两千年到一万年间的西亚两河流域，之后花费了三四千年的时间，才向西传入欧洲，向东传入中国。

但在中国人自己的神话里，农业却是由牛头人身的神农氏发明的。

神农山的神农雕像，河南·焦作（图片来源：作者拍摄）

20 世纪 80 年代，在湖南澧县彭头山文化遗址中，考古学者们发现了丰富的稻谷遗存。当时的人们把稻糠拌在黏土中，制作陶器和涂抹墙皮。1993 年至 1995 年，在江西万年县仙人洞遗址、吊桶环遗址和湖南道县玉蟾岩遗址，考古学家又找到了稻谷的植物硅酸体，这些发现不仅把人类栽培水稻的历史提前到了距今一万年前，更证明了中国是世界稻作农业的起源地。

农业因何而兴起？最为直观的答案，大概就是它能养活更多的人口。农耕，是背依土地的先民必需的生产生活方式。

稻、大豆，二里头夏都遗址博物馆（图片来源：作者拍摄）

秦岭、淮河以南，气候温暖，雨量充沛，大量考古资料证实，距今一万年前，中华先民已经率先在那里发展了稻作农业，而在相对少雨的中国北方地区，大河带来的充沛水源，则可以弥补天然降水的不足。

1976年，考古学家们在黄河北岸的太行山东麓，河北武安县南洺河北岸的河湾处，发现了上百个粮食窖穴，这里发现的粟，比过去所有遗址发现的加起来都多。

粮食标本（图片来源：作者拍摄）

同时，这座新石器时代中期的文化遗存磁山遗址上，还出土了翻地用的石铲、收割用的石镰和加工谷物用的石磨盘和石磨棒。

石制农具，磁山文化（图片来源：作者拍摄）

石磨棒（图片来源：作者拍摄）

与磁山遗址几乎同时被发现的，还有位于黄河南岸的河南新郑裴李岗遗址，这里发掘的石铲、镰刀都带有锯齿，比磁山的更为精良。

这些兴起于大河流域的古老文化，说明了灌溉农业对文明的形成具有重要意义。最迟在 8000 ~ 9000 年前，中华大地上的居民，已经度过了农业的起源阶段。作为主要粮食的稻、黍、稷、麦、豆在黄河流域已经齐全，人们生产的粮食除了够吃外，还有相当数量的结余。

带锯齿农具（图片来源：作者拍摄）

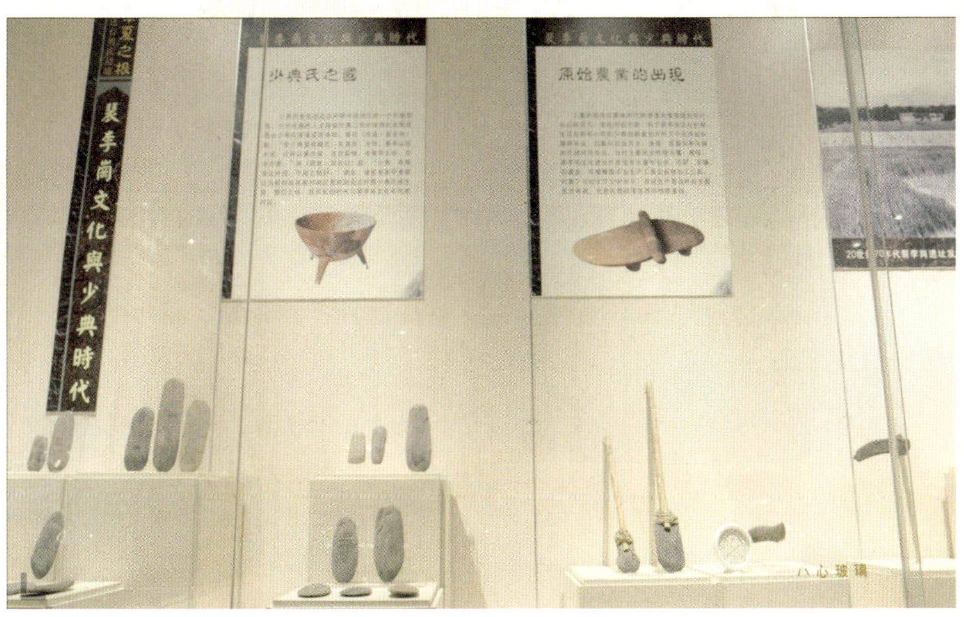

农具遗存（图片来源：作者拍摄）

新郑裴李岗遗址发掘现场图（图片来源：作者拍摄）

由于有了农业，人们结束了这种随着野兽追逐的不定居的生活，开始了定居。因为开始了种植，就必须在这附近生活，不可能再迁徙。春天种，秋天再回来收割。所以，农业导致了定居的存在，而定居使人们的生活有了很大的改变。农业定居、陶器制作技术和磨制石器制作技术，共同促成了一个新的时代的到来，这个时代就是所谓的农业文明时代，为后来真正文明的产生奠定了重要的基础。

中国社会科学院学部委员、历史学部主任
“中华文明探源工程”项目首席专家
王巍

大河为我们带来的黄土，质地疏松，富含矿物成分，便于耕作。人们种植稻、粟，饲养猪、鸡……伴随着农业生产的大发展，人们开始建立起定居的聚落。到目前为止，被判定为裴李岗文化的遗址有 160 多处，广泛分布于河南中部地区。

越在早期，人类对环境的依赖越大。农业起源在大河的中游地区，大河流域（文明）都在中游。全世界的几大文明，两河流域（文明）在两河流域的中游；尼罗河流域（文明）在尼罗河的中游；南亚次大陆、印度文明在印度河和恒河的中游。中游不上不下，靠上边冷一点，靠下边热一点。地理环境中，上游的水量小不易泛滥，下游水量大容易泛滥。为什么最后中国的政治中心、国家首都没在长江？就是因为人类的生活。衡量农业的发展水平的高低，不在于你种什么粮食，而在于你作物品种的多少。作物品种越多，抗御自然灾害的能力越强。比如你只种水稻，一旱了怎么办？因此在中原地区，像贾湖遗址，既出水稻，也出小米。在这既有北方温带的东西，也有南方亚热带的东西，因为它是过渡性气候，而南方只要雨一少你水稻全没了，这就是衡量农业发展水平的一个重要指数。

中国社会科学院学部委员
中国社会科学院考古研究所前所长
刘庆柱

三、水载舟行

在广阔的黄河流域，有大大小小数千条河流汇入，形成了完整的黄河水系。这些支流就像黄河母亲的孩子，它们与干流血脉相连，共同组成了黄河大家庭，密布的河网，也成为文明天然的纽带。

黄河源

白河，四川 · 若尔盖

湟水，青海 · 海东

洮河，甘肃 · 永靖

汾河，山西 · 临汾

渭河，陕西 · 渭南

伊洛河，河南·郑州

大汶河（一），山东·泰安

大汶河（二），山东 · 泰安

尽管山脉可以作为天然的屏障，塑造出各区域截然不同的文化类型，但冲积平原复杂的河湖系统，却像一条条血管，将广阔的中国大地连通起来。

黄河三峡，河南 · 济源

麻黄梁黄土地质公园

河湖景观

浙江跨湖桥遗址发现的八千年前的独木舟，湖南城头山遗址发现的船桨和船，表明很多新石器时代的聚落，可能已经通过船舶和水道相互联系。

浙江跨湖桥遗址

浙江跨湖桥遗址发现的独木舟

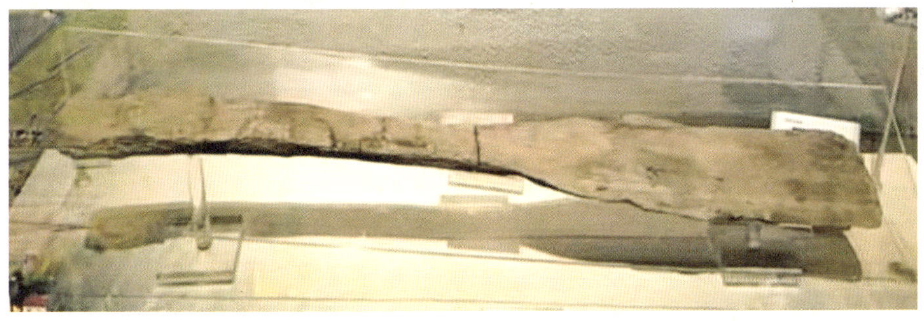

湖南城头山遗址发现的船桨

聚落水道，湖南澧县城头山古文化遗址

河南舞阳贾湖遗址，位于连接黄河中游和淮河中下游的交通要道上。

贾湖遗址，河南省舞阳市北舞渡镇（图片来源：作者拍摄）

这里是中国已知最早的北方水稻种植地。人们在劳动之余，用丹顶鹤的腿骨，制作出能够吹奏多音阶的骨笛，这是中国音乐史上最了不起的发明。此外，考古学家还在这里发现了最早的文字雏形——龟甲上的镌刻符号以及用稻米、蜂蜜和山楂等原料，酿造出的世界上最古老的酒精饮料。这些都发生在距今 9000 年到 7800 年间。先民们所创造的文化，已经远远超出了我们的想象。

贾湖骨笛（图片来源：作者拍摄）

贾湖龟甲（图片来源：作者拍摄）

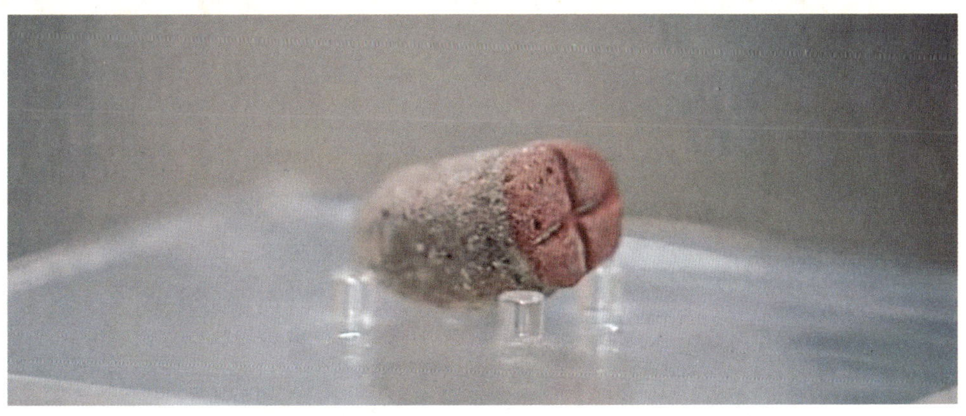

稻米

制作酒精饮料的容器（资料）

第三章　繁花灼灼的仰韶文化

1921年，瑞典人安特生在黄河岸边的河南省渑池县仰韶村，意外发现并开启了中国新石器时代考古的历史。史前的中国，从此开始被世界所认知。两年后，安特生在《中国远古之文化》一文中，将以仰韶村的发现为代表的遗存称为“仰韶文化”。

仰韶村，河南·三门峡（图片来源：作者拍摄）

自安特生之后，中国考古学家经过一个多世纪的辛勤劳作，发现了仰韶文化以及受到仰韶文化明显影响的遗址5000多处。数百处仰韶文化遗存陆续被发现，使人们意识到，在距今7000～5000年的黄河流域，有一种十分强盛的文化。它们的分布范围，西至甘肃、青海，南达汉水流域，东至河南东部，北抵河北北部，中心区域在豫西、豫北、冀南、晋南和陕西关中，纵横数千里。

仰韶文化考古发掘点

仰韶文化展（图片来源：作者拍摄）

北阳平遗址（图片来源：作者拍摄）

渑池仰韶南村（图片来源：作者拍摄）

仰韶文化博物馆

这些文化遗址形成了一个长达两千年，跨越黄河中下游的稳定的文化圈。他们在碰撞交汇中，形成了空前一致的文化面貌，其中彩陶是这一时期最鲜明的文化形式和最富代表性的艺术作品。

仰韶彩陶（图片来源：河南省文物考古研究院）

仰韶村遗址第四次考古发掘一区探方照片（图片来源：河南省文物考古研究院）

仰韶村的发掘，一般被认为是我们中国现代考古学诞生的标志。它的发掘确立了中国最早被命名的史前文化——仰韶文化。而且仰韶文化在我们中华文明探源的过程中发挥了特别重要的作用。

中国社会科学院考古研究所研究员

李新伟

第一节　绚丽的仰韶手工

伴随农业生产的大发展以及定居聚落的逐渐扩大，分工不同的手工业开始出现。在当时各种新科技中，制陶无疑是最为发达的行业。形态各异的彩陶，不仅是储存粮食、烹煮食物的实用器具，也是一件件艺术珍品。很多时候，它们还作为权力和地位的象征，出现在较高等级的墓葬里。这种制作陶器的方式和习俗，一直延续到仰韶时期。

仰韶彩陶（一）（图片来源：作者拍摄）

仰韶彩陶（二）（图片来源：作者拍摄）

仰韶彩陶（三）（图片来源：作者拍摄）

仰韶彩陶（四）（图片来源：河南省文物考古研究院）

大河村仰韶文化天文图案（图片来源：大河村遗址博物馆）

漩涡、水波、鱼、蛙、船、鸟……彩陶上这些质朴的图案和造型，源于我们祖先在大河旁的日常所见。而日月星辰以及抽象的弧线、三角形、圆点和美丽的花纹，则向我们展示着他们更加复杂的生活方式和思维能力。

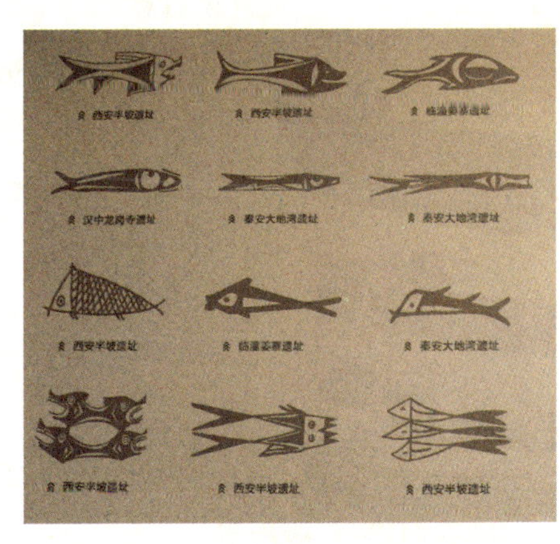

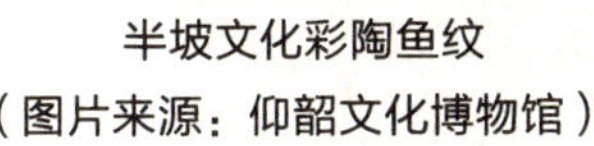

半坡文化彩陶鱼纹
（图片来源：仰韶文化博物馆）

庙底沟文化彩陶鸟纹
（图片来源：仰韶文化博物馆）

在河南濮阳西水坡的一处仰韶文化遗址中，蚌塑龙虎和北斗图像的发现，更佐证了当时的人们，已经具备了一定的天文学知识。

西水坡遗址蚌塑龙虎图（图片来源：作者拍摄）

（1987 年，濮阳西水坡遗址出土了三组距今 6000 多年前的蚌壳摆塑图案
该图为第一组，45 号墓中出土的蚌塑遗迹）

第二节 聚落的形成

随着人口的增长，聚落的规模不断扩大，黄河流域从上游到下游，都开始形成一些特级聚落或者中心聚落，大量中小型聚落环绕在特级聚落或者中心聚落的周围，出现了有明显等级差别的权贵者的房址和礼器。

庙底沟遗址发掘现场图（图片来源：河南省文物考古研究院）

庙底沟遗址发掘现场俯瞰图（图片来源：河南省文物考古研究院）

庙底沟遗址出土的回旋勾连纹（左）和花瓣纹（右）彩陶盆（图片来源：河南省文物考古研究院）

西坡聚落房屋遗址（图片来源：河南省文物局）

1955 年，考古工作者在三门峡陕县庙底沟村，发现了一种强盛的仰韶文化遗存。它们分布在有着丰富民间传说的河南三门峡铸鼎原上，曾经生活在这里的众多部落和氏族，居住在 100 多平方千米内，具有共同的文化习俗和信仰。

拓片

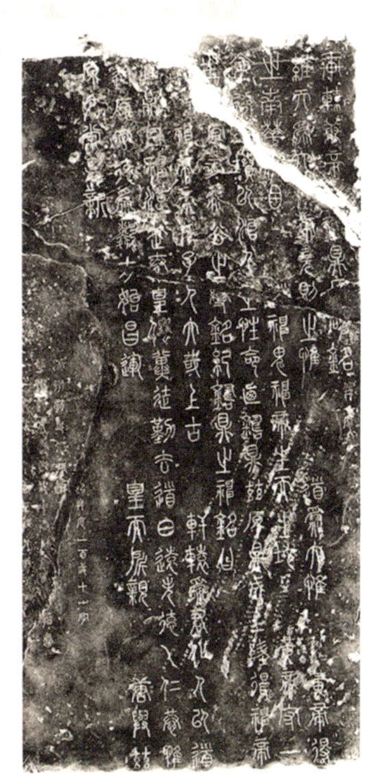

轩辕黄帝铸鼎原碑铭并序及拓片（图片来源：河南省文物考古研究院）

灵宝西坡遗址为铸鼎原遗址群中核心遗址之一，据调查，铸鼎原地区古聚落分布的地貌类型有黄河二级阶地、沟谷阶地、黄土台塬（包括低台塬和高台塬）、黄土台塬的边坡地带、洪积扇等，而一级阶地上尚未发现有史前人类居住的迹象。其中，河流阶地（包括沟谷阶地）和黄土台塬是人类居住的主要地貌类型。

河南省三门峡市灵宝西坡遗址（图片来源：作者拍摄）

这个庞大的聚落团中，不仅出现了“金字塔”形的聚落结，还出现了有明显等级差别的权贵者的房址和礼器，同时还有凝聚着 87 个部落的祭坛。

黄帝铸鼎原，河南省三门峡市灵宝市（图片来源：作者拍摄）

如果我们看到有一个地区，都是一般的村落，都是几万平米的村落，而且大小都差不多。而另一个地区，会有一个很大的、好几百万平米的一个聚落，里面还有像宫殿一样的建筑，在边上还发现比它低一等级的，几十万平米的重要的建筑及一般的聚落。我觉得任何人看到这两种现象都会说，这是种拥有等级化的聚落，它的社会组织肯定更加复杂。这是一个大家都可以得到的结论。考古学家如果发现这样的聚落形态、等级化的形态，就知道这个社会发展了。

中国社会科学院考古研究所研究员
李新伟

西坡遗址是铸鼎原的区域中心之一，这里的整体布局结构与仰韶早期聚落已经有了明显不同。接近中心地带的是一组大中型房屋，修建在木骨泥墙的半地穴房址之上。每座房子都有一条窄长的门道，而其中最大的一座建筑，总占地面积竟然达到了 516 平方米，在只有石斧和石铲等工具的年代，这必定是人类技术、社会组织和领导能力达到相当水平后，才能取得的伟大成就。

西坡聚落房屋遗址—窄长门道（图片来源：河南省文物局）

我们还看到，对这样的大型房屋是有一些特殊的处理的。包括地面用赤铁矿涂成红色，墙壁涂成红色。有些柱子早已经腐朽了，但在柱洞中还会有一些红色的残留，我们就猜测柱子原来可能也是红色的。这应该属于一种很神圣的防护，应该是一个举行重要公共活动的场所。在西坡遗址中我们也发现了墓葬，而且这些墓葬是有等级的。有大墓有小墓，有随葬品多的也有随葬品少的。但是在挖掘面积最大的墓的时候，发现它的开口很大，约 17 平方米，在当时都算是最大的墓。墓里填的都是泥，相比一般的墓先挖土再将土填回去的方式，它将土又和成泥，并在里边添加了植物，这是一种很讲究的方式。这样的方式可能是为了更好地密封，也可能是蕴含一些特殊的含义，使得我们对这个墓中含有丰富的随葬品充满了期待。但是在我们清理完以后发现，这个墓室里什么都没有。墓主人是一个青年男性，脚下有一个放随葬品的方坑，但是里边也没有珍贵的随葬品，只有不到 10 件的陶器。其中有一对大口缸是比较重要的器物。这样我们就知道庙底沟社会有这样的领导者，他们并不需要用很奢华的随葬品放在自己的墓里，显示出自己特殊的宗教能力或特殊的财富。所以他们可以形成百万平米那样大的聚落，可以建 240 平米左右的很大的房屋，主持里边的公共仪式活动。但是他们想得更多的是，在这样日常的公共活动中来维护宗族的团结、维护宗族的利益，在众人的敬仰中形成自己的权力。这是一种很独特的社会发展方式，这种发展方式也深刻地影响了后来的一些政治理念的形成。

中国社会科学院考古研究所研究员

李新伟

柱洞，西坡遗址（图片来源：河南省文物局）

墓葬，西坡遗址（图片来源：河南省文物局）

墓葬大口缸，西坡遗址（图片来源：河南省文物局）

相比同一时期，出现在中华大地上的其他史前文化，这些仰韶的权贵们似乎显得过于朴实无华了。他们没有将有限的资源，用在制作耗时费工的玉器和精美陶器上，也没有劳役大批的人力来建筑土山和大型墓葬，而是像今天生活在黄河岸边的农人一样，老老实实地耕种土地，聚族而居，保持了人口的稳定增长。

玉器，西坡遗址（图片来源：河南省文物局）

墓葬品组合，西坡遗址（图片来源：河南省文物局）

到了仰韶文化晚期，地域性的复杂社会系统已经在黄河流域的很多地方繁荣起来。它们不仅是周围聚落系统的中心，而且还延续着在聚落的中心位置修建广场和大型公共建筑的传统。

大河村遗址（图片来源：作者拍摄）

这些以木为骨，以草为筋，成排或套间的红烧土房屋，为仰韶文化晚期的大河村类型。它们奇迹般地保留下了部分墙体，应该是当时人们的“豪华住宅”。生活在黄河中下游的郑州大河村人，利用烧制陶器的原理，将房屋打造成一件别样的“陶器”，冬暖夏凉、坚固美观，堪称我国史前建筑史上的一次革命。

大河村房屋制作模型构建——“木骨整塑”建筑法（图片来源：作者拍摄）

第三节　建屋以成家

家庭，是中国社会的核心单元。

我们很难想象，这样的传统与习俗，竟源自古老的仰韶时期。

在陕西的半坡和姜寨遗址，人们还能有幸目睹先民们完整有序的房屋布局：他们分成几组，围绕着村子中间的大型广场，房门都开向广场的方向，考古学家称为向心式的布局。

大河带来的黄土，是仰韶先民赖以生存的基础。

在他们的家园里，我们至今难以见到如其他早期文明那样的大型宗庙建筑。在两条河流交汇夹角地带的高台地上，或靠近河湖的岗丘上，这些擅长制作彩陶器的人们，以房屋组成居住中心，间以陶窑或生活灰坑，外围分布着公共墓葬。这样的建筑布局既便于取水、耕作、渔猎、采集，又可以防止洪水灾害。它们分区分组，排列有序，空间秩序主要依据血缘辈分划分，构筑起了黄河流域古老的文化样态。

陕西半坡遗址（一）（图片来源：作者拍摄）

陕西半坡遗址（二）（图片来源：作者拍摄）

陕西半坡遗址（三）（图片来源：作者拍摄）

仰韶文化房屋还原（图片来源：作者拍摄）

仰韶文化房屋还原彩绘（图片来源：作者拍摄）

半坡和姜寨都是仰韶早期典型的聚落。姜寨遗址是保存比较完整、发展较大的。我们看到一种向心结构，中心有一个广场，广场周围都是房子，被分成好几组，有分五组的也有分六组的。每一组都有大中小的房子，大房子都是比较靠近和围绕着广场的，门也是开向广场的。这样的聚落是有一个中心的，每一组房子可能代表一个大的家庭，或者一个小的氏族。然后他们都有一个公共的建筑，有一定核心的领导，也有一些仪式。但他们同时又都聚集在一起，面向广场，形成了这样一种向心的宗族组织。

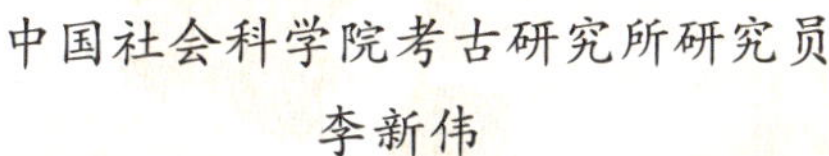

中国社会科学院考古研究所研究员
李新伟

半坡遗址房屋修建模型（图例来源：郑州市文物考古研究院）

姜寨遗址房屋修建模型（图例来源：郑州市文物考古研究院）

黄土的直立性和吸湿性很强，使得版筑——在夹板中填入泥土夯实的建筑方法，成为可能。

在同样位于郑州的西山古城，先民们创造性地用泥土筑造起了高大的城墙，它被誉为“中国土城的鼻祖”。此后，城墙逐渐成为中国古代城市规划中一个重要组成部分。而这一崭新要素的出现，为中国正式跨入文明社会提供了必要条件。

西门北侧城墙板块，西山古城（图片来源：郑州市文物考古研究院）

荆芭类模板泥痕，西山古城（图片来源：郑州市文物考古研究院）

辨识进入文明社会的中国方案就是生产发展、人口增加、出现城市以及社会分工。社会分化不断加剧出现了阶级，权力不断强化出现王权和国家。城，实际上是一种聚落。只不过这个聚落具有防御性的设施，我们可以看到最早的防御设施是壕沟。具有防御色彩的壕沟，起码在仰韶早期就已经出现了。为什么出现防御呢？因为农业发展有了剩余。抢夺别人剩余的产品，比自己制作要容易。另外，随着水田农业的发展，人们对土地、水源等等就有一些争执。我们现在最早是长江中游的湖南澧县城头山遗址，周围有宽大的壕沟和高大的城墙。但是在南方的城，有很多人认为它可能跟防御、水患有关。在中原地区，我们可以看到郑州的西山，仍然是最早的仰韶晚期具有明显的防御色彩的。城的出现，实际上意味着战争的出现。战争的出现、战争的激化是促使军事指挥权转回王权的一个重要的途径，所以我们应当高度地注意城的出现。

中国社会科学院学部委员、历史学部主任
“中华文明探源工程”项目首席专家
王巍

聚落景观，湖南澧县城头山遗址

第四节　双槐树遗址的文明星火

河洛交汇景观

舒缓而温情的伊洛河，在黄河中下游终于汇入主流。

清澈的伊洛河水与浑浊的黄河水在这里激荡交融，形成了一种被人们称为“洛汭”的奇观。相传，伏羲就是在这里得到了河图的启示，画八卦、作书契以取代原始的结绳记事，带领华夏远古先民走出了蒙昧时代。

羑里城，河南省安阳市（图片来源：作者拍摄）

龙马负图寺，河南省洛阳市孟津县（图片来源，作者拍摄）

2020 年 5 月，考古工作者在这里发现了距今 5300 年前后，相当于数十倍西山古城面积的仰韶中晚期聚落遗存——双槐树遗址。

双槐树遗址（一）（图片来源：作者拍摄）

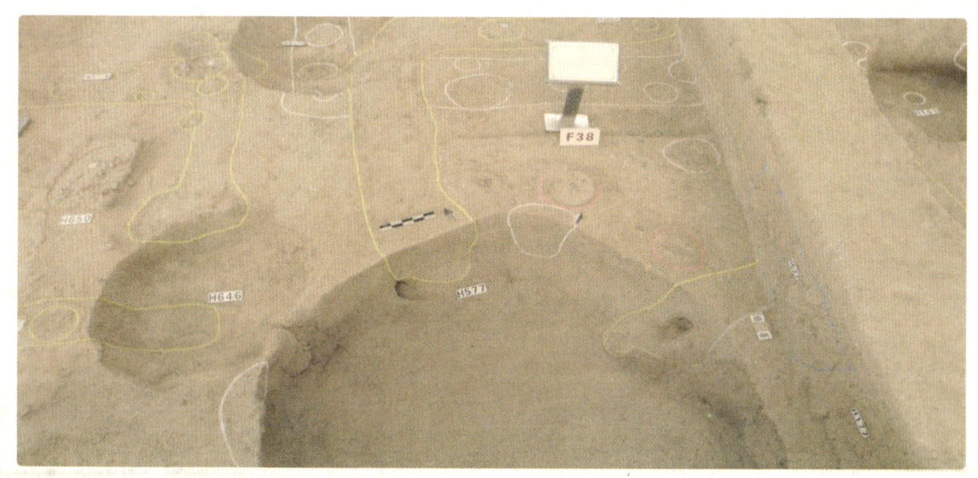

双槐树遗址（二）（图片来源：作者拍摄）

首先，双槐树遗址面积非常大，它的遗址面积有 100 多万平方米，可以看到有三个大环壕，这环壕是种聚落形态。为什么有这种三个环壕围绕着跟三道城墙是一样的性质，它具有保卫的性质。它一圈一圈的就是一层比一层更重要。而三圈当中最里边那个圈，当然就是最核心的人物居住的地方。它北边有一片墓地，墓地南边是具有政治活动的一些地方。大型的建筑基址也发现了，在地上建筑了居住的地方，然后我们发现叫北斗九星，北斗附近就有北极星，那就是天上最核心的地方。当时人们的信仰当中也一定有，所以说他们在地上建立的摆着用的陶罐，9 个陶罐摆成 1 个北斗一样的形状，这也说明了他是把对天空的认识模拟到地上来，也找到相当于北斗的部位，也有个陶罐，那就是核心。这个在考古发现当中都一一得到了证实，所以说双槐树遗址发现确实非常的重要。不仅面积大、等级高，而且天文、地理都可以互相照应，互相融通。我们是把它定位为中国最早的国家，古国的一个标本，你要看最早的国家在哪儿？那就到双槐树来看。

北京大学教授
夏商周断代工程首席科学家
李伯谦

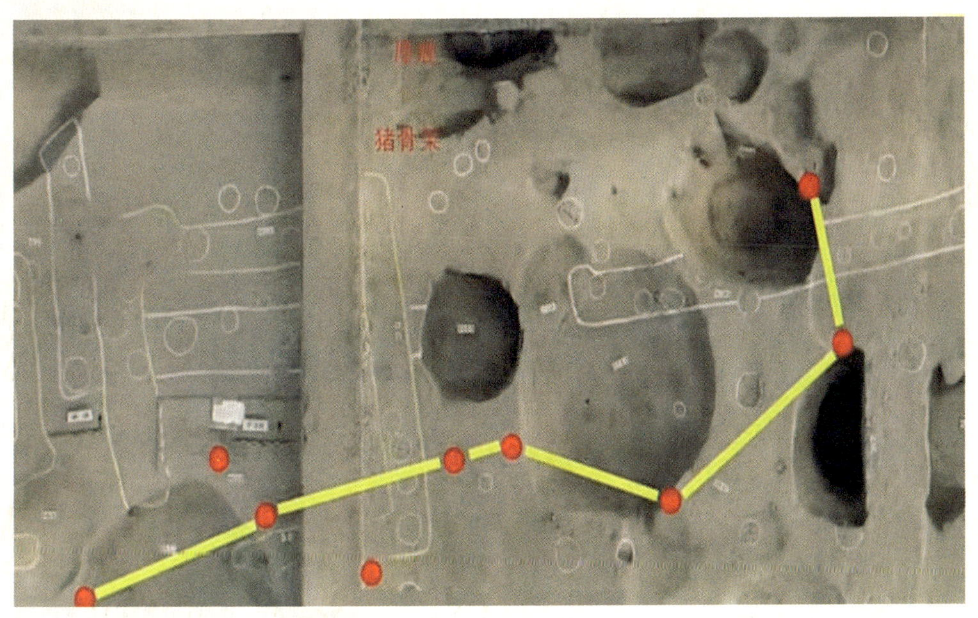

北斗九星示意，双槐树遗址（图片来源：河南巩义“河洛古国”重大考古成果发布视频截图）

这是一处经过精心选址和科学规划的都邑性聚落遗址，考古学家在这一区域内，还发现了如荥阳的青台、汪沟和洛阳的苏羊、土门，以及郑州的西山、点军台、大河村等遗址，它们恰好对双槐树遗址形成了拱卫之势。

双槐树遗址（图片来源：作者拍摄）

青台遗址（图片来源：作者拍摄）

汪沟遗址（图片来源：作者拍摄）

苏羊遗址航拍全景（图片来源：河南省文物局）

“都、邑、聚、落”的多层次体系，构成了一个面积广大、人口众多、气派非凡的早期文明中心。

不仅如此，在仰韶文化中晚期的遗址中，还出现了许多社会复杂化现象，它们构成了中国上古的文化版图，而星星点点的文明之火，就孕育其中。

第四章　瑰丽缤纷的龙山文化

距今五千年左右，从黄河流域到长江流域的中华大地，进入了繁荣大发展的时期。

在古史记载里，从黄帝到尧、舜，这些历史上最著名的圣贤帝王，也都在此时的黄河流域相继出现。他们以德行治理天下，制定历法、确立节气、发展农业，为华夏五千年文明发展奠定了强大的基础。

帝舜故里，河南省濮阳市（图片来源：作者拍摄）

距今五千多年前的五帝时代，是中国文明史的壮丽开篇。在此时广袤的中国大地上，经过数千年的漫长跋涉，我们的祖先早已散布各处。他们在不同的河流边，共同追寻着文明发展的道路。

这个时期，在考古学上被统称为龙山文化时代。

第一节　文明曙光的到来

龙山最早是在济南附近的一个城子崖，它最早发掘在（20 世纪）30 年代，是从河南安阳调集了一部分人，发现了龙山文化，地名叫龙山。这个东西原来是彩色的，陶是带颜色、带花纹的。有人认为带彩色、带花纹是原始发展了，人越来越聪明了。就跟现在一样，现在上坟谁还给你烧纸上供，都是网上祭祀了，这是人在进化，丧葬观也在变化。龙山文化它恰恰是在陕西、河南，龙山文化接的是仰韶文化，然后从仰韶文化的庙底沟类型或者庙底沟二期发展为龙山文化。河南的龙山文化，其实跟山东龙山文化没关系，不是一码事，不是兄弟俩，而且父母也没有关系，河南龙山文化他的父亲是谁，是仰韶文化。但是他们之间有没有互相交往的一些影响？这是有的。因为离得很近的。那个时代距现在 4000 年左右。出现的这批文化，都是在同一个时期的，都是具有统一的特点，也就是进入了文明时代。

中国社会科学院学部委员
中国社会科学院考古研究所前所长
刘庆柱

比起仰韶文化的先祖们，属于龙山时代的人们，发明了更多样式的建筑和农具，他们有着更严格的地位和阶级划分，职业分工更加显著，甚至已经用所谓的“甲骨”来占卜。

甲骨，龙山文化（图片来源：河南省文物考古研究院）

陶排水管道，龙山文化时期（图片来源：河南省文物考古研究院）

古城寨龙山文化城址全景（图片来源：河南省文物局）

古城寨发掘区航拍图（图片来源：河南省文物局）

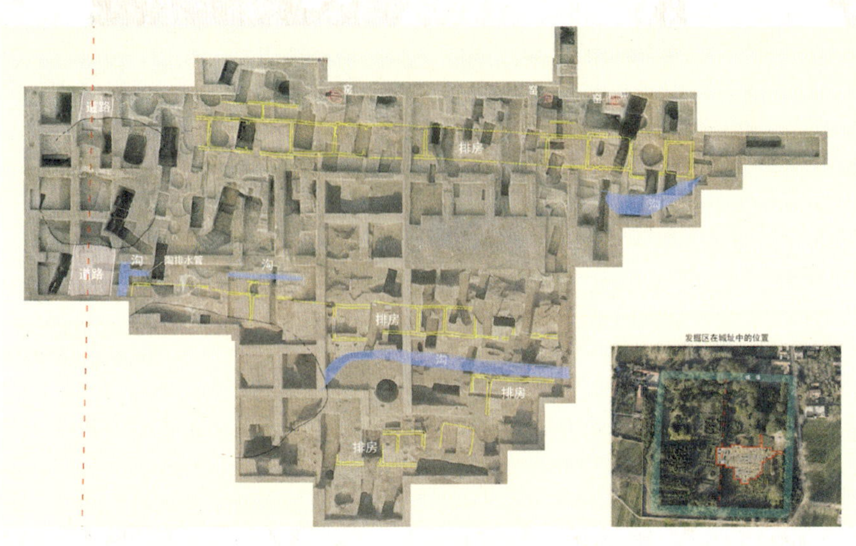

平粮台遗址发掘区（图片来源：河南省文物局）

而最有特色的景观，则是在黄河流域和长江流域。这两个大河沿岸出现了众多面积超过百万平方米的城址。作为社会复杂化的产物，这说明在当时已经出现了一些能够控制更大范围的社会成员机构，这与历史记载的国家进一步完善相符合。

我们首先看到西部的黄土高原的发展，石峁那样石破天惊的发现。而且势力很强大……建那么大的石城。然后在陶寺、晋南地区也有惊人的发展。在整个东部地区，第三阶地我们看到龙山建立了好多城。然后河南也出现了很多城，可以看到河南的南部与江汉平原的一些密切的互动。观察整个的考古学文化，会发现很多器物到处流传、很多的城址出现，也出现了战争的迹象。这些考古资料给我们描绘的就是这样一个有灿烂的发展，但同时整个社会都在激烈的互动，这样一个动荡的局面。

中国社会科学院考古研究所研究员

李新伟

黄河，我们单从面积上而言，就是在以前，陶寺遗址确实是黄河流域龙山时代最大的遗址，这是没有什么疑问的。当然随着石峁遗址的发现，我们把石峁遗址的不同时期的城圈，内城、外城加在一块，它的面积就超过了陶寺遗址。当然，遗址本身面积的宏大是一个基础的因素。最重要的是我们要看这个遗址里边的内涵，或者是它的区域的这种规划布局。陶寺的遗址面积是400万，在这个400万平方米的遗址里边，有一个至少280万平方米的大城。在这个城的东北部，我们又发现了一个面积12.96万平方米的小一点的城，那就是我们通常所说的宫城。遗址再往南一点就是它的仓储区，在城的西南是它的手工业作坊区，在城的西北是它普通的居民区。我们可以看到，在陶寺的这个城里，明显存在着不同的功能分区。它不是一个无序的、杂乱的状态，在城的里边它是有规划的、有理念的。

中国社会科学院考古研究所研究员
高江涛

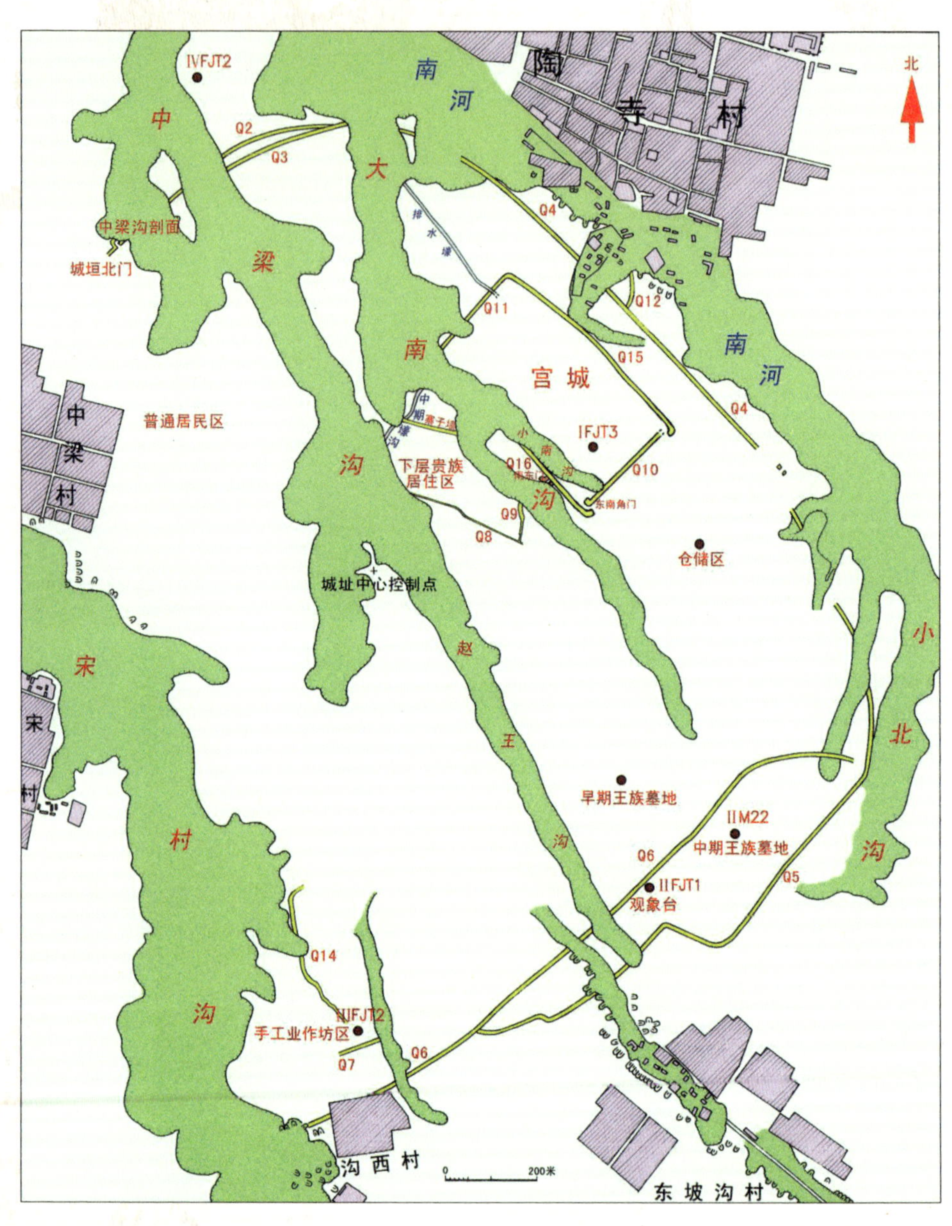

陶寺城址示意图（图片来源：河南省文物局）

在陶寺遗址的南部小城，考古学家发现了一组夯土台基和若干夯土方柱形遗存。经过复原，展现在我们面前的是一座前所未有的独特建筑，它很可能是人类历史上最早的天文观测台。当时的人们可以从圆心点通过夯柱狭缝，观测日出方位，以确定春分、秋分、夏至、冬至等农时节气。

夯土台基和若干夯土方柱形遗存（图片来源：河南省文物局）

复原后的夯土台基和若干夯土方柱（图片来源：作者拍摄）

季节变化，对于新石器时代的农业社会至关重要。这也意味着，生活在这里的陶寺贵族，很可能掌握了天文知识、学会了制定历法并且拥有了重要的礼仪权力。

这些陶寺出土的重器，让我们有幸得以窥见华夏礼制的传承脉络。

陶寺遗址出土的重器（图片来源：作者拍摄）

1984 年，在陶寺遗址居住区的一个灰坑里，出土了一些残碎的灰陶。学者们在其中一件扁壶上，发现了两个朱红的彩色字符。有人认为它们其中之一接近商代甲骨文的“尧”字，意思指建立在黄土高原上高大的土城墙；还有人认为它们应该代表着这处都邑的名字——“文邑”。

破碎的灰陶，陶寺遗址出土（图片来源：作者拍摄）

灰陶上的字符

尽管这处属于新石器时代文化的遗存，是否可以被称为国家尚有争议，但是我们却可以通过考古实证，看清当时复杂的社会是如何发展、运作和改变的。

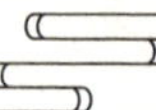

陶寺遗址宫城区发掘现场（图片来源：作者拍摄）

这些变化发展环环相扣，彼此相连。但不知为何，在距今四千多年前，这座位于黄河中游，傲视群雄的陶寺遗址却突然被废弃了。

就是在陶寺最晚阶段，存在一个把之前墓地的，尤其是大型墓进行一个捣毁的政治暴乱的现象。以陶寺为代表的遗址的衰落，被认为是龙山时代结束的一个标志。政治的内部斗争、外族外部的入侵甚至环境的因素等等，诸多因素的交织造成了一个都邑性遗址的衰败。

中国社会科学院考古研究所研究员

高江涛

第二节　埋藏地下的文明火种

出土的陵墟之上，残酷藏匿在白骨的缝隙中。曾经消失在历史深处的文明曙光，一点点向人们显现出真实的模样。

那是一个充满着血腥和暴力的冲突的时代，群雄逐鹿。

第三期乱葬坑，王湾遗址（图片来源：河南省文物局）

在黄河中游，兴极一时的陶寺遗址晚期灰坑中，出土有 30 多个人头骨，分布杂乱，上面有多处砍斫痕迹，这些死者以青壮年男性居多。宏大的城垣被废弃，宫殿和具有观象授时功能的大型建筑被毁坏，陶寺中期城内的贵族墓葬，在晚期则遭到了全面的捣毁甚至是扬尸。陶寺文化的覆灭，只是龙山文化崩溃的一个缩影。

非正常死亡尸骨，陶寺遗址（图片来源：中国社会科学院考古研究所）

实际上，陶寺不是仅有的神秘消失的文化。遗址数量下降和区域中心被废弃，是黄河、长江流域等地区同一时期的普遍现象。不仅如此，如果我们放眼全球，会发现许多非常发达的复杂社会，也都从考古记录上消失了。很多考古学家提出这一巨变发生的时间，与古代文献中记载的大洪水发生的时间是一致的。

从龙山晚期开始，中国传统新石器时代的核心区域，基本上都呈现出了衰败的景象，万幸的是，在今天黄河中下游的郑洛地区，一个中等规模的城址，却奇迹般地将古老文化的火种，传承至今。

新寨遗址（图片来源：作者拍摄）

第五章　风云变幻的早期王朝

第一节　夏王朝，国之伊始

汉朝史学家司马迁的《史记》，曾将夏王朝的建立，记载为洪水时代的故事。

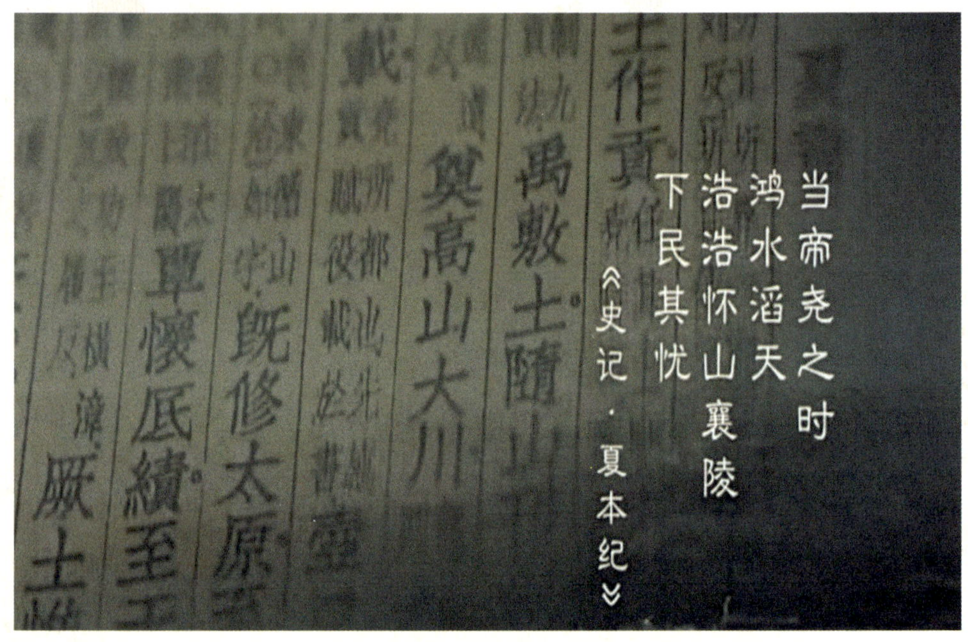

《史记》记载的洪水时代

当没有人可以制止泛滥不休的黄河时，一位名叫禹的年轻人站了出来，他巡游各地，带领群众治水，最终采用疏导河流的方法，平息了水患，让民众得以重新在大河冲积出的平原上生活。

司马迁广场，陕西韩城（图片来源：作者拍摄）

伊河和洛河，并行后交汇注入黄河，在伊洛之间，曾经有着天下最肥沃的平原。

河洛交汇（图片来源：作者拍摄）

相传，大禹治理洪水期间，在洛阳西边的洛河水中，浮出神龟，其甲壳上绘有奇异的图像，被称为“洛书”或“龟书”。

演易坊，河南省安阳市羑里城（图片来源，作者拍摄）

作为中华文明的重要图腾，它与伏羲时期更为神秘的河图，合称为“河图洛书”，是河洛文化和阴阳五行术数之源。

河南省安阳市羑里城，两侧图案为河图洛书（图片来源：作者拍摄）

大禹根据洛书治水成功，又依次定九章大法，划定天下为“九州”。

其中，“豫”为九州之中，主体就在今天的河南省境内，是最早被称为“中原”“中土”“中州”的地方。

人们拥戴大禹为王，在伊洛平原上，建立起第一个统领四方的核心——夏王朝。

1959年春夏之交，72岁的考古学家徐旭生先生，凭着史籍中的“伊洛竭而夏亡”一句话，徒步行走在伊洛平原上，苦苦寻找着史籍中记载的夏朝的身影。

二里头遗址陶片（图片来源：河南省文物局）

在河南偃师，黄河支流孕育下的二里头村，徐旭生不仅发现了许多不同寻常的陶片，甚至还捡到了一件完整的陶器。从遗址的规模、遗留的陶片和陶器的花纹、质地等判断，这是一处规模巨大的古文化遗址。

二里头遗址（图片来源，河南省文物局）

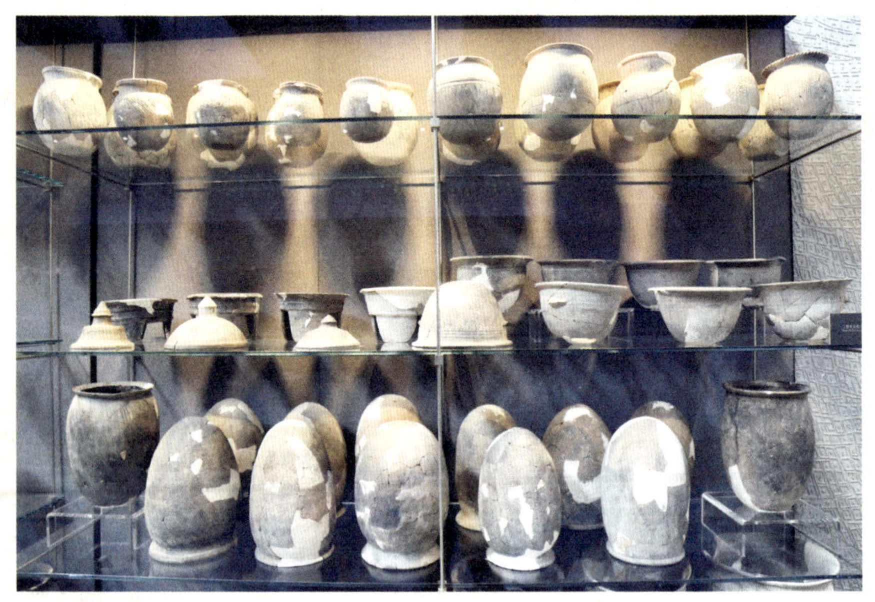

二里头夏都遗址博物馆馆藏文物

从那时起一直到现在，二里头的考古工作仍在继续。

二里头遗址

这里不仅成为学者们探索夏史和夏文化的关键所在，也成为探讨中国国家和文明起源时无法绕开的圣地。

根据《竹书纪年》记载，夏朝共历经 471 年，目前发现的新砦文化和二里头文化前后相承，距今约 3850 ～ 3520 年，与古史中的夏朝时间基本吻合。

二里头最需要解决的问题，那就是聚落形态的问题，是空间布局以及演变过程。在这里我们发现了中国最早的“井”字形大道，也就是城市主干道网；中国最早的宫城，也就是紫禁城；中国最早的带有中轴线布局的宫室建筑群；中国最早的多进院落；中国最早的官营手工业作坊区；中国最早的绿松石器制造作坊；这些都是贵族奢侈品，关系国家命脉。至于说一些重要遗迹的发现，中国最早使用双轮车的痕迹、大型绿松石龙形器号称“超级国宝”，像这样的一些东西，二里头发现的很多东西几乎都可以说是中国之最。这些中国之最的确认，使得二里头在中国文明史上的地位得以彰显。也就是说这些中国之最，再往前前无古人，再往后开启了礼乐制度、都邑制度乃至政治制度的先河。

中国社会科学院考古研究所研究员

中国社会科学院大学教授

许宏

“井”字形大道，二里头遗址（图片来源，河南省文物局）

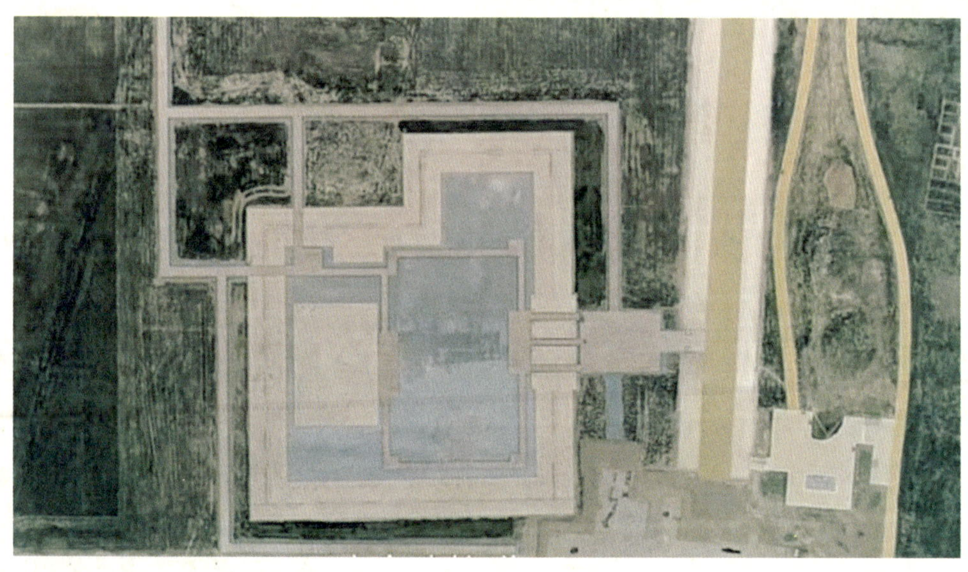

二里头遗址（图片来源：作者拍摄）

二里头遗址中轴布局宫室建筑群（图片来源：作者拍摄）

绿松石龙形器，二里头遗址出土（图片来源：河南省文物局）

在黄河中游地区的河南中部、西部和山西南部，已经发现超过 300 个遗址，呈现出和二里头相同的物质文化特征。但令人遗憾的是，这些遗址中至今仍没有发现，如同殷墟那样可以保留至今的文字材料。

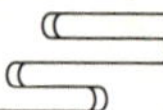

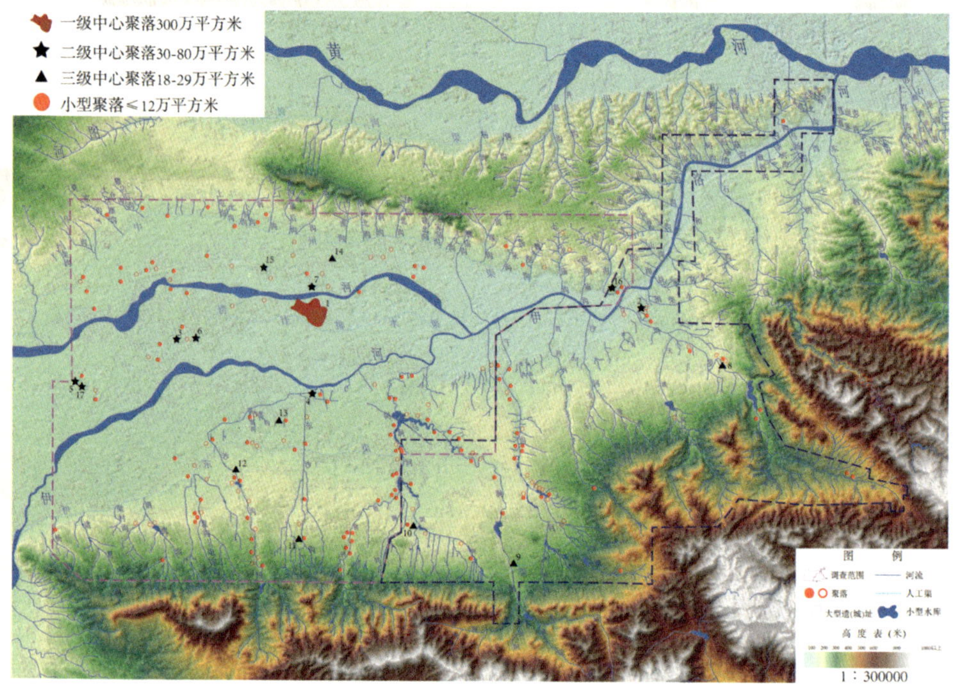

图二　洛阳盆地中东部的二里头文化聚落

1. 二里头（中心圆点为1期范围，外圈为2-4期范围）　2. 稍柴　3. 金钟寺　4. 高崖西　5. 桂连凹南　6. 罗圪垱　7. 古城西　8. 罗口东北　9. 西口孜　10. 灰嘴　11. 经周东　12. 宫家窑　13. 杨村北　14. 南蔡庄西北　15. 景阳岗　16. 寺沟　17. 纲常

二里头时期聚落分布图洛阳盆地（图片来源：二里头夏都遗址博物馆）

二里头究竟是不是夏朝都城所在地？为什么只有这里的早期文明最终演进为国家水平的社会组织并持续发展，而众多类似的复杂社会，却在同一时期走向了崩溃？

1500余米高的嵩山主峰，宛如一座灯塔，引导着黄河奔腾出千沟万壑的黄土高原，奔向一望无际的华北平原。

嵩山，河南郑州

这里是中国古人苦心寻觅，并最终认定的天地之中。《史记》曾记载："昔三代之君，皆在河洛之间，故嵩高为中岳。"如今，当我们在整个中国大地上俯视这里时，脑海中一定会自然浮现出"中"的字面意思：中间区域。

群山之中，大河与它的支流们组成了密集的水路系统，连通中原腹地的内部及周边地区。

通过多年田野考古工作与综合研究，考古学家在这片区域里发现了许多来自龙山时代的遗址和遗迹，这些复杂社会的兴起和衰落，显示出不同社会群体之间，以及自然力量和人类社会之间，多种多样的复杂关系。

淮阳时庄遗址分布图（图片来源：河南省文物局）

禹州瓦店遗址祭祀区发掘现场图（图片来源：河南省文物局）

黄山遗址屈家岭文化贵族大墓 M77（图片来源：河南省文物局）

其中，介于龙山晚期和二里头文化之间的“新砦期”，成为寻找夏王朝所在的一把钥匙。

新砦遗址发掘现场（图片来源：河南省文物局）

新砦遗址大型建筑发掘现场（图片来源：河南省文物局）

新砦遗址大型建筑鸟瞰图（图片来源：河南省文物局）

可以说风云际会造就了英雄，因为各方的力量都在这儿激荡，所有的势力都在这儿汇集，刺激着他们的发展。当然，中原，这些环绕着嵩山的这些人群，他们自己也在长期的动荡中锤炼出来了一种坚韧的品质，形成了自己的素养。在这个地区，我们发现了一些军事性很强的堡垒式这样的遗址以及一些专门存粮食的聚落。我们感受到在这样激荡的环境下，中原的龙山居民那种紧张的气氛。从现在的发现来看，他们绝对不是最先进的发展，但是他们是最后的成功者。因为在风云激荡中，他们有可能是最坚强的社会组织，像这样的细节还需要考古去证明。但在这样一个动荡的时代，正是时势造英雄造就了他们。

中国社会科学院考古研究所研究员

李新伟

地上式粮仓，淮阳时庄遗址（图片来源：河南省文物局）

城壕，登封王城岗遗址发掘（图片来源：河南省文物局）

新砦遗址位于河南省新密市，其惊人发现引发了中国学术界新一轮认定城址历史属性的讨论。

20世纪90年代开始，夏商周断代工程和中华文明探源工程先后启动。随着一处处重大考古发现，困扰着中华文明史的一个个谜团，终于在现代科学研究面前，有了较为清晰的答案。

距今四千多年前，那些来自仰韶至龙山时代的、遍布中国各地区的上古文化，虽然相继显现出了在文化和社会发展上的停滞、低落甚至倒退的迹象。但是文明的因素和成果，却在新砦·二里头文化中得以汇聚、传递和延续。与其他众多的史前文化相比，它的统治范围第一次突破了地理单元的制约，几乎分布于整个黄河中游地区，文化辐射范围，甚至超出了禹贡九州的界限。

二里头夏都遗址博物馆

也是在同一时期，古史记载的夏王朝正式建立，标志着黄河滋养下的中原腹地，率先完成了由氏族部落到国家体制的转变历程，成为天下的中心。

对夏文化的探索绝对是考古学的一个非常重大的课题。虽然《史记》对夏王朝就有记载，但是非常简略，而且那是不是历史的真实有很多的争论。曾经疑古派认为，那都是后来虚构的。所以夏王朝是不是实际存在，这个任务就自然而然落到了考古工作者的身上。经过百年，尤其是二里头遗址发现的六十多年，我们觉得在河南的中部、中西部地区，在传说或者古史记载的夏王朝分布的中心区，我们发现了同时期规模最大的二里头遗址，300 万平方米。它是一个择中立宫、宫殿在正中、周围有宫城，关于中轴线左右对称的建筑。它的年代紧接着商之前，很多发明和创造直接被商王朝所继承，然后前所未有地对全国相当广阔的范围施加文化的影响，所有这些共同构成了我们认为它是夏王朝或者夏文化的一个基础。尽管我们还没有发现确凿的夏代的文字，但是考古的本领就是，在没有文字记载的情况下，通过我们的发掘和研究，能够将那个历史时期的面貌和图景，由初步的轮廓到逐步细化的过程，这个就是百年考古最重要的成果之一。

中国社会科学院学部委员、历史学部主任
“中华文明探源工程”项目首席专家
王巍

公元前21世纪初，夏王朝建立，各地区文明的因素和成果在交流中得以传递和延续。

二里头夏都的营造理念、布局规划和宫室建筑继承了中原腹地龙山时代的文化传统，开此后数千年都城制度的先河，奠定了古代“中国”的都城营造基础，并开启了中国历史的新纪元，成为中华文明总进程的引领者和集大成者。

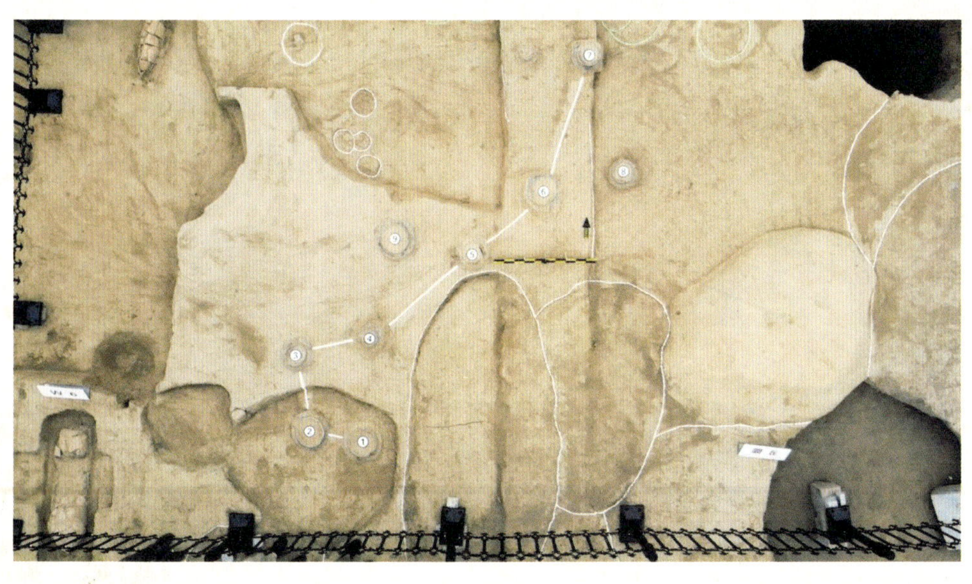

北斗九星，双槐树遗址（图片来源：河南省文物局）

河洛文化对帝星、北斗的崇拜，良渚文化对玉钺、玉琮等玉礼器的青睐，红山文化的三重寰丘，龙山文化以酒器为核心的礼制思想，新砦文化的牙璋，都在后来的夏商文明中传承扩散开来。

第二节　商王朝，文明的曙光

今天的河南郑州市，位于诸多夏商时期的遗址之上。郑州大师姑遗址、新郑望京楼遗址，为我们展现了夏商接替的过程。

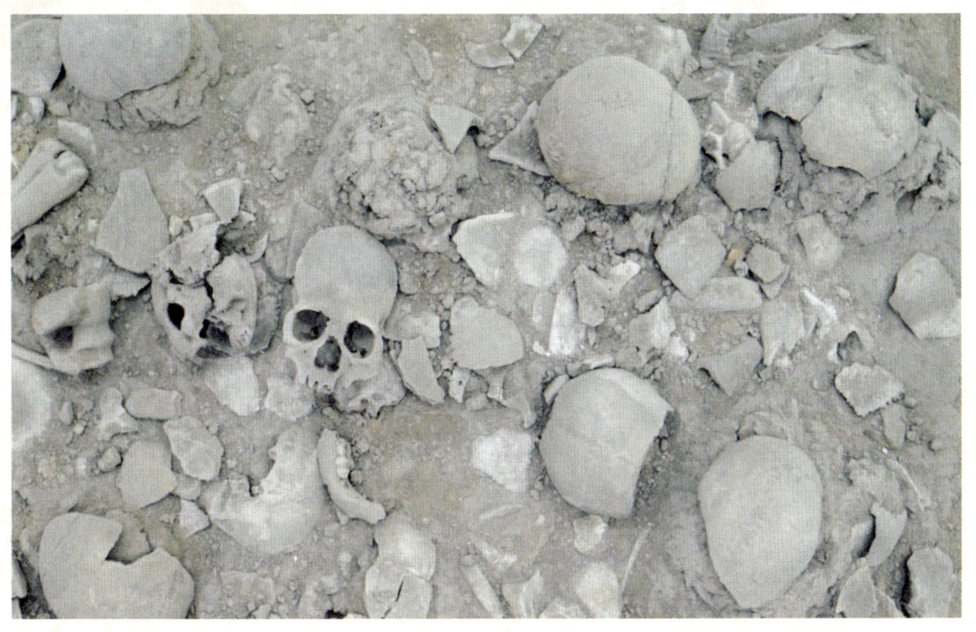

商城祭祀人骨坑（图片来源：河南省文物局）

抛掷在灰坑里的尸骨，显示出这里曾发生过剧烈的社会冲突和残酷的战争。商人没有把二里头文化的城址继续当作都城，而是在二里头以东 8 千米处，营建了一座新城，被考古学者称为偃师商城。

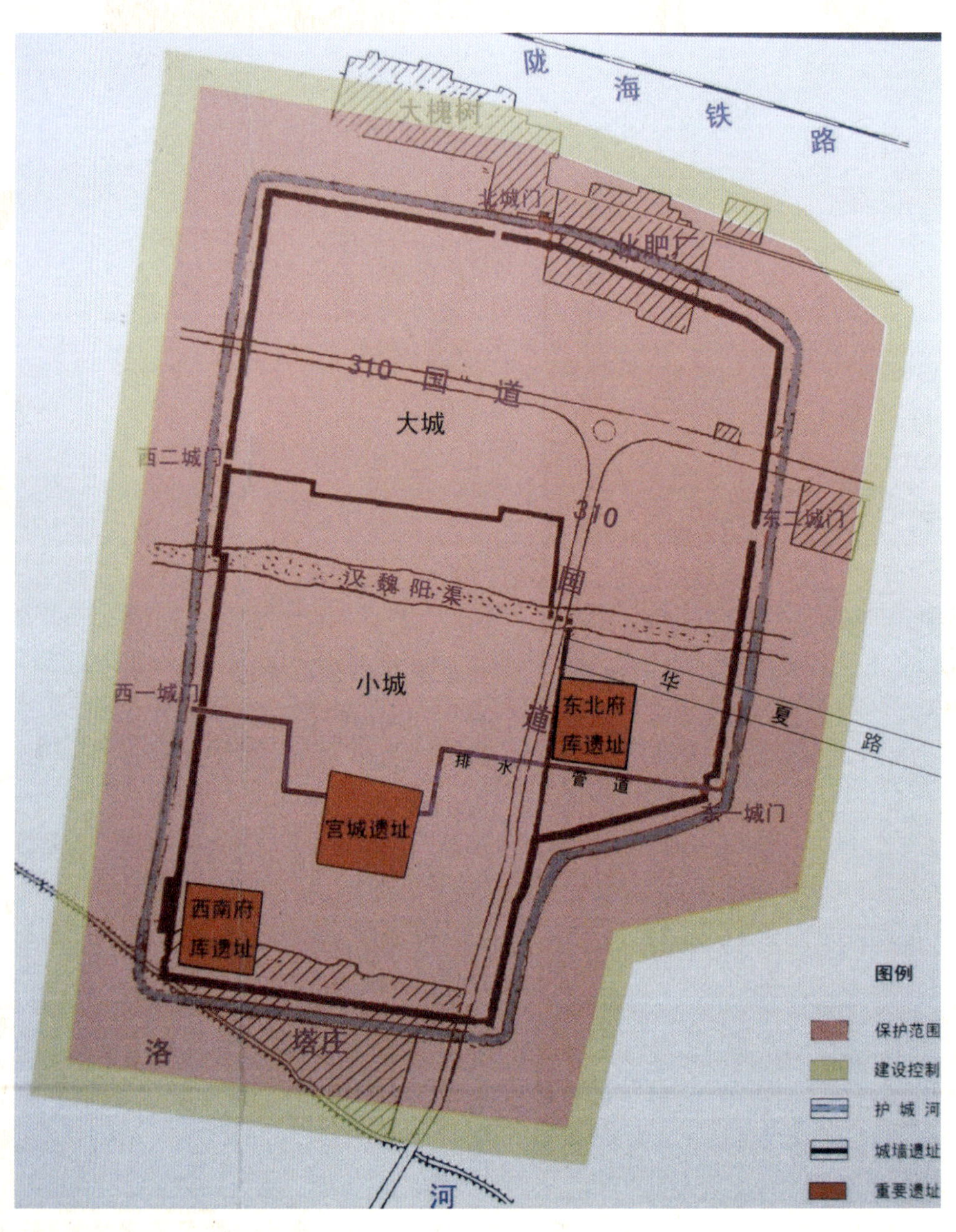

偃师商城平面图（图片来源：河南省文物考古研究院）

而华夏第一王都——二里头的衰落，不仅和偃师商城的兴起在时间上重合，也与在 80 多千米之外的郑州，出现的另一座更大的城址相呼应。

输水设施（图片来源：河南省文物局）

用水设施（图片来源：河南省文物局）

在漫长的时光里，大河陪伴我们，走过了不同于世界其他文明体的发展历程。

虽然商朝城市文明充分发展，比美索不达米亚地区晚了一千多年，但商朝并不以人口稠密和城市林立而著称。它的早期都城和四方城邑，继承了来自夏朝以及此前更早时代的政治遗产和文化基因，并有了很多新的发展，开启了中国古代核心文化和都城文明一脉相承的历史传统。

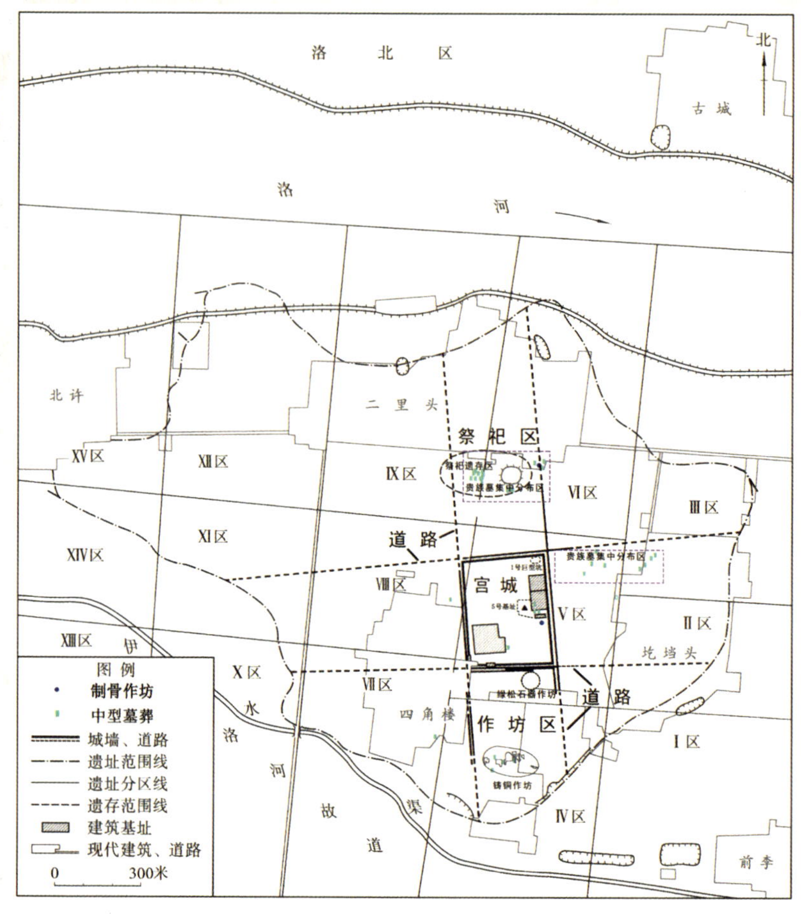

二里头遗址平面图（2019 年）（图片来源：中国社会科学院考古研究所）

在河南安阳，成熟的商朝文明共建有 17 座城池，殷墟只是其中之一。它拥有着高度发达的青铜冶炼技术和已知最早的汉字书写系统。约公元前 1300 年开始的两百五十多年间，这里曾见证了十二位商王的统治。

青铜器（图片来源：作者拍摄）

汉字遗迹（图片来源：作者拍摄）

1928 年，经过科学考古发掘，中国的考古学家们在河南安阳小屯村，发现了数以百计的青铜器、将近 25000 片甲骨、铸铜作坊、宫殿和宗庙基址以及大型贵族墓葬，第一次无可争议地证实了史书记载中殷商历史的真实性。

安阳殷墟甲骨（图片来源：作者拍摄）

妇好三连甗（图片来源：作者拍摄）

殷墟甲骨（图片来源：作者拍摄）

殷商青铜器

“洹水南，殷墟上”，这座三千多年前的商代晚期都城遗址，为我们展示出了一个高度发达的国家文明。没有人能忽视，它与出现在仰韶时期的聚落文化之间，还隔着四千多年的光阴。

我们不禁疑惑万千，这些沿河而居的小小村落，如何在这段时间里，一步一步转变成了一个彪炳史册的文明体系的？中华文明的起源与发展，应该往何处去探寻？

第三节　周王朝，宅兹中国

约在公元前 1046 年，推翻商朝的周人，与商的子民一样，也是仰韶—龙山文化的后裔。几千年前，他们迁徙到了黄河中游的中原地区，最终创造出了延续近 800 年的周王朝，周朝的统治者们热衷于将刻有汉字铭文的青铜器，分发给贵族、诸侯，大名鼎鼎的何尊，就是其中之一。

何尊，陕西宝鸡青铜器博物馆馆藏（图片来源，作者拍摄）

中国这个词，最早出现在三千年前一个叫何尊的铜器上，那篇铭文里，叫“宅兹中国”。实际不是宅兹中国，是“宅兹中或”，或者的或。在古代就是代表地域的域，疆域的域，这个地方叫或，或字加个口字就是国家。意味着他出现国家了，他要“中”了。那中在哪呢？豫州不就在九州的中间吗？因此首都要搁在这儿，为什么搁在这儿？搁这儿公平，等距离。就跟家里照相排坐次一样，老大在左边，老二在右边，老三在中间，这都是等距离的，这是中国一种政治智慧。

中国社会科学院学部委员
中国社会科学院考古研究所前所长
刘庆柱

“宅兹中或”铭文

第六章　古来万事东流水

行程五千多公里的黄河，如同一条奔腾的巨龙，横穿中国腹地。

黄河古栈道（图片来源：作者拍摄）

它一路向东，孕育出一片朝气蓬勃的土地，带来了无限生机和无与伦比的美丽，也为绵延至今的中华民族，夯实了共同发展的根基。

黄河（图片来源：作者拍摄）

“逝者如斯夫，不舍昼夜。”两千多年前的孔夫子，曾经看到河水奔流向前，感叹大河永无止息的自然动力。

黄河（图片来源：作者拍摄）

这条桀骜不驯的大河在上百万年的奔流中，一面滋养了丰饶，一面又以灾难突袭，而千千万万中国人则以移山填海的力量，想方设法让大河之水为我们所用。

春秋战国时期，黄河沿岸的各诸侯国已经开始联合修筑堤防，在对大河持续不断的治理和利用过程中，一个统一的多民族国家逐渐形成，也让我们拥有了足够的力量，在此后数千年间，利用这条古老的水上运输线，实现了开通漕运、修凿栈道以及打通航运的宏大历史进程。

回洛仓遗址（图片来源：作者拍摄）

汉城湖，汉长安城城墙东南角遗址

公元前 2 世纪，张骞作为汉朝使节，联通了中国与西域，开通了贸易与文化交流的丝绸之路。河流，成为沟通陆地与海洋的纽带，连接起了地球的东与西。

张骞出使西域雕像，西安

在中国的历史长河中，黄河中下游地区有很长一段时间，都是政治、经济、文化中心。这条悬在无数人头顶的大河，也在千百年的奔流中，无数次决溢改道，成为历代君王不敢忽视的朝廷要务，更是下游两岸居民爱恨交加的“母亲河”与“灭顶之河”。

三门峡黄河大坝

“黄河宁，天下平。”流动的河水，蕴含着万物生长、欣欣向荣的奥秘，记录了鼓角争鸣、朝代更迭的创伤，也见证了中国人民与黄河水患斗争的艰苦岁月，目睹了新时代下海晏河清的美好盛景。

黄河大坝

如今，黄河已经连续七十多年伏秋大汛不决口。作为中国从北至南和从东至西的主要动脉，它仍是中国北方地区最大的供水水源，以占全国河川 2% 的有限水量，灌溉着近 3 亿亩耕地，承担着 1.2 亿人口和 50 多座大中城市的供水任务。

在漫长的时光里，奔流不息的黄河，见证了我们一路从符号到文字，从祖规到礼制，聚落壮大成为王朝都邑的全过程。中华民族走向早期国家的文明之光，在这里被点亮、被传承、被发扬，绵延至今。

人类文明依河而生、依河而居。大江大河是哺育文明的摇篮，大河文明汇聚了来自两河流域、尼罗河流域、印度河流域以及黄河长江流域的珍贵文物，讲述了大河流域的璀璨文明。

黄河景观

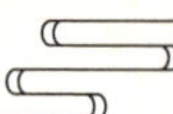

黄河风景区

在尼罗河流域，夏朝建立的五百年前，最大的胡夫金字塔已经开始修建。但到了夏朝建立时，古埃及先后被古希腊人、波斯人、古罗马人、阿拉伯人征服，它的语言、文化甚至种族都发生了根本变化。

与此同时，两河流域也早就更换了主人，阿卡德人战胜了苏美尔人，并在这片土地上，建立起古巴比伦王国。

与夏朝同时兴盛的印度河文明，则在商代建立的一百多年后，就神秘消失了，有人认为可能是雅利安人消灭了印度河文明，开启了吠陀时代。

幸运的是，今天的我们，依然能与远去的祖先，说着同样的语言，使用同样的文字，住在同一个“中国”。

黄河农耕文明博览园

在历史发展中，我们是一脉相承的，这个在全世界应该是唯一的。文明也是一代一代传下来的，国家有共同的信仰。你到埃及、到西亚，他们就有好多神庙，会说什么动物是他的祖先，但是中国从来没说哪个动物是他的祖先，祖宗就是黄帝。包括我们现在还在祭黄帝陵，五千多年一直连续不断，不仅我们现在祭，古代的皇帝也一代代祭，因为我们有凝聚力。这从血缘上来说，包括海外6000万炎黄儿女，为什么每年三月三要到郑州这来祭拜黄帝，参加拜祖大典呢？不管什么民族，只要是中国人，这就是我们的民族凝聚力。

中国社会科学院学部委员
中国社会科学院考古研究所前所长
刘庆柱

中华文明是唯一延续至今没有中断的，这是我们最大的特点。为什么只有中华文明延续至今？最重要的原因就是黄河中原地区，善于吸收和借鉴其他周围地区的先进文化因素，包括长江中下游，黄河上游、下游和河套地区，各地的因素都在交流互鉴。中华文明，是以中原地区为引领，吸收各地的先进因素而形成的。所以，各地都为中华文明的起源性发展作出了贡献。但是贡献有多有少，就像一个树根，有主根系，有旁根系。中华文化的中心，或者叫主体，那绝对是可以追溯的。仰韶，甚至追溯到裴李岗，我们可以举出很多例子。比如说宫殿的建筑，中轴线的理念，前后几进院落这样概念的雏形……我们在巩义双槐树遗址就可以看到左右的对称、中心线，包括龙的观念。好多理念都是中原发明的，到夏商时期，比如说青铜容器，青铜器代表贵族的权力，以青铜鼎作为王权的象征等等，这都是可以追溯，都是一脉相承的。黄河文化是中华文明的主根主脉，是有大量的考古资料来证明的。但是主根主脉并不排除其他旁根系，所以我说，就像一条小河逐渐汇成一个大河，就是在黄河文化周围不断地汇聚，不断地有水汇聚来形成一个大河，就是百川归海的一个过程。

中国社会科学院学部委员、历史学部主任
“中华文明探源工程”项目首席专家
王巍

黄河景观图

黄河，黄土，黄种人。

这条横贯中华大地的万里长河，塑造大地，哺育文明，滋生万象，造化无穷，让一个伟大的民族生生不息。

生生不息的伟大民族，也将用磅礴的力量，护佑我们的母亲河奔流不息，勇往直前，在不断变化的世界里，共同谱写人与大河的生命传奇！

参考文献

[1] 刘庆柱 . 中国古代都城考古发现与研究 [M]. 北京：社会科学文献出版社，2016.

[2] 孙机 . 中国古代物质文化 [M]. 北京：中华书局，2014.

[3] 李硕 . 翦商：殷周之变与华夏新生 [M]. 桂林：广西师范大学出版社，2022.

[4] 黄河水利委员会新闻宣传出版中心组 . 黄河宁 天下平 [M]. 郑州: 大象出版社，2021.

[5] 黄河水利委员会 . 人民治理黄河六十年 [M]. 郑州：黄河水利出版社，2006.

[6] 叶光林 . 郑州：华夏源 · 黄河魂 [M]. 北京：新华出版社，2020.

[7] 姚大中 . 黄河文明之光 [M]. 台北：三民书局，1981.

[8] 翁启宇 . 全球史下看中国（第一卷）：从人类演化到四大河文明 [M]. 上海：上海社会科学院出版社，2021.

[9] 侯全亮 . 家国黄河 [M]. 郑州：河南科学技术出版社，2022.

[10] 葛剑雄 . 黄河与中华文明 [M]. 北京：中华书局，2020.

[11] 郭志坤，陈雪良 . 中华一万年 [M]. 杭州：浙江人民出版社，2009.

[12] 赵会军 . 发现仰韶 [M]. 北京：中国国际广播出版社，2010.

[13] 陈星灿，方丰章 . 仰韶和她的时代：纪念仰韶文化发现 90 周年国际学术研究会论文集 [M]. 北京：文物出版社，2014.

[14] 王仁湘 . 大仰韶：黄土高原的文化根脉 [M]. 成都：巴蜀书社，2020.

[15] 齐岸青 . 河洛古国：原初中国的文明图景 [M]. 郑州：大象出版社，2021.

[16] 冯时 . 中国天文考古学 [M]. 北京：社会科学文献出版社，2001.

[17] 李琳之．前中国时代：公元前 4000 ～前 2300 年华夏大地场景 [M]. 北京：商务印书馆，2021.

[18] 孙机．从历史中醒来：孙机谈中国古文物 [M]. 北京：生活・读书・新知三联书店，2016.

[19] 袁珂．中国神话传说词典 [M]. 上海：上海辞书出版社，1985.

[20] 张真宇，蔺生睿．天下黄河 [M]. 郑州：河南文艺出版社，2021.

[21] 陈星灿，刘莉．中国考古学：旧石器时代晚期到早期青铜时代 [M]. 北京：生活・读书・新知三联书店，2017.

[22] 许宏．何以中国：公元前 2000 年的中原图景 [M]. 北京：生活・读书・新知三联书店，2016.

[23] 李济．安阳 [M]. 上海：上海人民出版社，2007.

[24] 马伯乐．古代中国：中华文明的起源 [M]. 肖菁，译．北京：北京理工大学出版社，2020.

[25] 徐光春．一部河南史　半部中国史 [M]. 郑州：大象出版社，2009.

[26] 最爱君．一看就停不下来的中国史 [M]. 北京：台海出版社，2019.

[27] 孙庆伟．鼏宅禹迹：夏代信史的考古学重建 [M]. 北京：生活・读书・新知三联书店，2018.

[28] 宫本一夫．从神话到历史：神话时代、夏王朝 [M]. 吴菲，译．桂林：广西师范大学出版社，2014.

[29] 阿尔伯特・克雷格．哈佛极简中国史：从文明起源到 20 世纪（修订珍藏版）[M]. 2 版．李阳，译．北京：中信出版社，2019.

[30] 许顺湛．许顺湛考古论集 [M]. 郑州：中州古籍出版社，2001.

[31] 张泉．荒野上的大师：中国考古百年纪 [M]. 桂林：广西师范大学出版社，2022.

[32] 布赖恩・费根．考古学与史前文明 [M]. 袁媛，译．北京：中信出版社，2019.

[33] 许宏，等 . 考古中国：15 位考古学家说上下五千年 [M]. 北京：中信出版社，2021.

[34] 萧春雷 . 大地栖居 [M]. 北京：中信出版社，2016.

[35] 冈村秀典 . 中国文明：农业与礼制的考古学 [M]. 陈馨，译 . 上海：上海古籍出版社，2020.

后　记

想象一下，一个没有河流的世界。

1901 年，瑞典探险家斯文·赫定以考古为名，在我国新疆罗布泊地区进行探险，无意中发现了一片废墟。根据当地出土文物上的文字，研究人员认定，那就是历史上曾经盛极一时的楼兰古国遗址。

罗布泊，本意即为多水汇集之湖。

汉代，楼兰是西域三十六国之一。司马迁在《史记》里说："楼兰，古邑有城郭，临盐泽。"楼兰人在罗布泊西北岸筑城，饮孔雀河水，城外林木葱郁，牛羊成群。在驼铃声中，与丝绸之路上的八方来客不期而遇。

然而一千多年前，当东晋高僧法显西行至罗布泊时，他眼中的楼兰，已经是一处人迹罕至、几近死亡的不毛之地：沙河中多恶鬼热风，遇则皆死，无一全者。上无飞鸟，下无走兽，遍望极目，欲求度处，则莫知所拟，唯以死人枯骨为标帜耳。

楼兰，最终被沙漠所湮没。人们猜测，周边河流水源的枯竭，应该是最主要的原因。

当然，这只是一个有些极端的例子，但不可否认的是人类古老文明的诞生，总伴随着流淌的河水。人类四大古文明都兴起于大河流域，这是气候、地理环境等综合因素的结果。

黄河，我们中华民族的母亲河。是的，我们的主角，正是这条大河。它从青藏高原聚集了河水，从黄土高原收集了泥沙。当黄河冲破太行山的重重封锁进入河南，等待它的是一片广阔的舞台。在这里，黄河肆意奔流，北夺海河，南侵淮河，每年携带的泥沙多达数亿吨到十多亿吨，参与塑造了当代的华北平原。然而，黄河不仅仅拥有这些属于自然本身的伟大创造力，更孕育了华夏民族的初祖与文化。想通过短短万字去弄明白甚至讲清楚这其中的关系，其实非常困难，因为正是奔流不息的黄河，见证了我们如何从简单到复杂，从聚落到城市，从野蛮到文明，从刻画符号的使用到文字发明的全过程，这也是本书想要着重阐述的内容。

河流，是人类四大古文明共同的主题。时至今日，人类历史上的其他沿河而生的古文明，都已经“灭绝”了。

埃及先后被希腊人、波斯人、罗马人、阿拉伯人征服，公元前30年，埃及正式成为罗马的一个省。此后，便不再在历史舞台上出现。埃及的语言、文化甚至种族都发生了根本变化。

在西亚的两河流域，生活在这片土地上的阿拉伯人，甚至根本不知道苏美尔文明的存在，直到近代，西方人挖掘出几千年前的神庙遗址，人们才知道这片土地上居然有过一段辉煌的人类文明史。

在无情岁月中，所有英明伟大的君主都会被人忘怀，所有繁华美丽的都市都会沦为废墟。

只有中国，在漫长的时光里，政权在王朝的更迭中一次次被消灭又兴起，构成了统一的连续体，文明的发展一以贯之。千百年来，中华文明的大河如同黄河一样，滔滔向前，奔腾不息，各民族文化的活水不断汇入。它们互相碰撞、融合，使得中华文明交相辉映、历久弥新，它们与我们每个人的历史和命运休戚相关，这正是今天我们强大文化自信的根源，也是我们每一个中国人都有必要认识黄河、了解黄河、保护黄河的重要原因所在。

宋 黎

2023 年 6 月 15 日于郑州